La Psychothérapie non verbale des Traumas

Epistémologie et Philosophie des Sciences
Collection dirigée par Angèle Kremer-Marietti

La collection *Épistémologie et Philosophie des Sciences* réunit les ouvrages se donnant pour tâche de clarifier les concepts et les théories scientifiques, et offrant le travail de préciser la signification des termes scientifiques utilisés par les chercheurs dans le cadre des connaissances qui sont les leurs, et tels que "force", "vitesse", "accélération", "particule", "onde", etc.

Elle incorpore alors certains énoncés au bénéfice d'une réflexion capable de répondre, pour tout *système scientifique*, aux questions qui se posent dans leur contexte conceptuel-historique, de façon à déterminer ce qu'est théoriquement et pratiquement la *recherche scientifique considérée*.

1) Quelles sont les *procédures*, les conditions théoriques et pratiques des théories invoquées, débouchant sur des résultats ?

2) Quel est, pour le système considéré, le *statut cognitif* des principes, lois et théories, assurant la validité des concepts ?

Dernières parutions

Jean-Louis CHERLONNEIX, *Le Secret d'Amour, Opération athéologique dans l'esprit de Georges Bataille*, 2014.

Lucien-Samir OULAHBIB, *Intérêt général et Bien commun. Théorie rénovée de l'Action publique*, 2014.

Gilles GROS, *Histoire des liaisons épistémologiques entre l'art dentaire et la chimie. De l'Antiquité à la fin du 20e siècle*, 2013.

Lucien-Samir OULAHBIB, *Disparition du « crime » dans la sociologie contemporaine. Le crime comme injustice ou effet de système ?*, 2012.

Edmundo MORIM DE CARVALHO, *Paradoxe de Dieu et de la finitude. Volumes I et II*, 2012.

Lucien-Samir OULAHBIB, *Le politiquement correct français. Epistémologie d'une crypto-religion*, 2012.

Saïd CHEBILI, *Malaise dans la psychiatrie*, 2012.

Joseph-François KREMER, *Les grandes topiques musicales. Panorama d'un parcours anthropologique*, 2012.

Bernard Mayer

La Psychothérapie non verbale des Traumas

Un autre chemin pour guérir du psychotraumatisme

IETSP | Institut Europeen de Therapies Somato Psychiques
Bernard MAYER
41 rue Boissière
75116 Paris France
Tél : +33 (0)1.44.05.05.90
www.ietsp.com
ietsp.mayer@gmail.com

© L'Harmattan, 2017
5-7, rue de l'École-Polytechnique, 75005 Paris

http://www.editions-harmattan.fr

ISBN : 978-2-343-13260-0
EAN : 9782343132600

Ce livre est l'aboutissement de plusieurs dizaines d'années de pratiques thérapeutiques et j'en remercie vivement mes patients et Pierre Janet pour tout ce qu'ils m'ont appris et apporté.

Je dédie ce livre à Nathalie, Perle, Corinne, Françoise et à ma mère Yvonne qui m'a fait découvrir à l'âge de 20 ans Paul Watzlawick.

CHAPITRE I

Les origines de la thérapie somatopsychique

Pierre Janet, le premier psychothérapeute moderne

Pierre Janet se passionne pour la psychologie dès que sa croyance religieuse d'enfance le quitte. Il passe de l'état de croyant à celui de spécialiste de la croyance ! Après son baccalauréat c'est tout naturellement qu'il entame à Paris ses études de psychologie, qui à son époque son intégrées au cursus de philosophie. Il est agrégé en 1882 et nommé enseignant au Lycée du Havre. C'est là qu'il se passionne pour l'étude des malades mentaux de l'hôpital du Havre. Enseignant au lycée de la ville, il consacre son temps libre à observer les malades et à comprendre leurs troubles, et surtout, à essayer de les accompagner sur le chemin d'un certain mieux-être, voire d'une guérison. Une catégorie de malades l'intéresse particulièrement, les malades qui ont des crises de délire au cours desquelles se manifestent des hallucinations visuelles, auditives, tactiles et simultanément des insensibilités, des surdités ou des cécités remarquables. La plupart de ces patients sont classés dans ce qu'on appelle alors les « hystériques » (le terme a totalement changé de signification, depuis cette époque). Très intrigué par ces crises, notre psychologue décide de commencer une thèse de doctorat sur ces maladies étranges. Pierre Janet ne le sait pas encore...

mais il va bientôt révolutionner la psychopathologie mondiale.

Le grand neurologue Charcot, patron de l'hôpital de la Salpêtrière à Paris s'était lui aussi passionné pour ces pathologies déroutantes. Il venait juste de démontrer ce que les médecins ne voulaient pas croire avant lui : ces patients habitués des services de neurologie avaient également des troubles psychologiques. Pierre Janet va s'attacher à préciser la nature de ces troubles. Pour ce faire il étudie les patients avant, pendant et après leurs crises de délires. Il fait également une longue enquête sur leur vie passée, et il est ainsi l'un des premiers psychologues à montrer toute l'importance de ce qu'ont vécu les patients les années précédentes, et ce depuis leur enfance : Pierre Janet introduit l'étude de la biographie des malades dans l'analyse psycho-médicale.

Les patients appelés « hystériques » qu'étudie Pierre Janet subissent des crises très particulières : certains sont terrassés par des paniques ou des souffrances physiques épouvantables, ils se jettent au sol et se contorsionnent de douleur ou d'épouvante ; d'autres se mettent d'un seul coup à se conduire d'une façon totalement incongrue, ils changent de voix, parlent et répondent à des personnes qui ne sont pas dans la salle, caressent des animaux absents, sentent l'odeur de magnifiques roses…. qui n'existent que dans leur esprit. Certains autres encore se mettent à écrire en jurant qu'ils ne font rien, lèvent les bras ou secouent leurs jambes en promettant d'être absolument au repos… Ces crises durent de quelques minutes à quelques heures. Tous ces patients vraiment étonnants partagent cependant une caractéristique précise : après leur crise, ils n'ont pas le moindre souvenir de ce qu'ils viennent de faire ou de dire ; aussi impressionnant que paraisse un tel épisode, il ne laisse pas la moindre trace dans l'esprit du patient qui revient à lui. Un patient qui hurlait dans des convulsions au sol quelques instants auparavant répond maintenant au médecin « mais de quoi parlez-vous, j'étais tranquillement assis à cette table ! », un autre qui avait joué en criant une véritable scène de ménage dont seul manquait le deuxième personnage répond à l'infirmière « allons je n'ai jamais crié et je ne me le permettrais certainement pas dans cette chambre d'hôpital ! ». Généralement, les patients n'ont pas le moindre souvenir de leur crise, mais il y a aussi quelques patients qui ont une réaction vraiment surprenante : après la crise, ils se souviennent de ce qui est arrivé... au petit détail près qu'ils sont totalement incapables de se rendre compte que ce sont eux qui ont agi de la sorte ! un patient qui a saisi un couteau et menacé le médecin explique, quand il reprend ses esprits « oui docteur je suis vraiment désolé, un démon tout rouge avec les yeux noirs a saisi mon bras droit, m'a forcé à prendre le couteau et vous a menacé en agitant mon bras, bien malgré moi, sans que je puisse résister ! » ; un autre vous dira « oui docteur c'est bien moi qui ait écrit cette page, mais ma main a été dirigée par mon mari défunt, et je ne sais absolument pas ce qu'elle a écrit, pourriez-vous me montrer cette lettre ? ».

Au lieu de se moquer de ces malades comme on le faisait trop en son temps, Pierre Janet prend au sérieux leurs témoignages, et en étudiant soigneusement leurs biographies il parvient à cette découverte étonnante : pendant leur crise, ces patients perdent leur conscience normale, et se laissent contrôler par une autre conscience qu'ils possèdent également, tapie au fond d'eux. Cette conscience concurrente de la première est une sorte de personnalité seconde. Une personnalité inclut le caractère, la mémoire et tous les souvenirs : c'est parce que les patients changent de personnalité pendant leur crise qu'ils ne se souviennent de rien en revenant à eux ! car en effet la mémoire entre deux personnalités ne communique pas, que les personnalités soient deux individus différents ou deux parties fragmentées du même individu. C'est aussi ce qui explique que même s'ils ont quelques souvenirs de paroles ou de gestes effectués pendant leur crise, ils sont absolument incapables de se rendre compte que ce sont eux-mêmes qui ont parlé et agi : ils attribuent donc ces gestes et ces paroles à des esprits, des démons, des saints, des morts, des puissances occultes, des amis ou des proches qui les manipulent ou les influencent à distance etc.

Ces délires ne surgissent donc pas de façon si désordonnée qu'on le pensait auparavant : Pierre Janet démontre pour la première fois que ces patients sont atteints d'une « dissociation ». Cette dissociation coupe véritablement la personnalité en petits morceaux, et chaque morceau devient progressivement autonome, avec son « moi », ses émotions, ses propres souvenirs, exactement comme une personne normale. Janet est aussi le premier à montrer que des phénomènes aussi étonnants ne surviennent que lorsque le patient a été gravement traumatisé. Ainsi, chez Janet dès les années 1890, la dissociation est déjà bien un symptôme de ce qui s'appellera plus tard le « trouble post traumatique » ! Malheureusement ces travaux vont tomber dans l'oubli… Il faut attendre un siècle pour que la psychiatrie moderne comprenne enfin la géniale découverte de Janet : en 1980, enfin, le « trouble dissociatif » est ajouté à la classification psychiatrique internationale !

Jay Halay donne un deuxième départ à la thérapie moderne

Une fois Pierre Janet oublié, la psychothérapie européenne sombre dans le dogmatisme. La plupart des praticiens rompent tous leurs liens à l'université et à la recherche, et préfèrent s'initier à une doctrine de leur choix au sein de communautés privées (associations ou entreprises). En deux générations à peine, l'image de la psychothérapie en sort profondément bouleversée. S'infiltre l'idée que la psychothérapie consiste à prendre conscience des influences intimes qui pilotent notre vie à notre insu, que la voie vers la guérison passe nécessairement par une descente dans les profondeurs du moi et un travail sur les « pulsions » qui nous agitent sans que nous le sachions. Ces croyances à propos de la thérapie sont récentes et limitées aux pays occidentalisés : les cultures traditionnelles ne les partagent pas et nous-mêmes pensions de façon toute différente il y a encore un siècle. Dans bien des cas, ces présupposés sont discutables et peuvent même nuire sensiblement au processus thérapeutique.

Dans l'imaginaire contemporain, les problèmes psychologiques sont forcément liés à des difficultés existentielles profondes ; pour les résoudre il faut entreprendre de mieux se connaître, de se réconcilier avec soi-même, de résoudre des conflits inconscients que nous n'avions pas assez pris en compte. La thérapie est alors considérée comme un voyage ; le patient mène une véritable quête, il « cherche sa voie ». Le but ultime est de « se réaliser », de faire correspondre nos puissances internes, enfin élucidées, avec notre vie réelle. Le mieux-être est à ce prix, nul ne peut s'y soustraire ! Assurément ces objectifs sont beaux et nobles, ils méritent qu'on y réfléchisse. Ambitieux, ils élèvent l'âme et apportent certainement une bonne dose de motivation, qui ne peut pas nuire. Toutefois, l'approche somatopsychique s'est totalement séparée de ces anciennes conceptions. Dans les années 1970 la psychothérapie moderne va être réinventée une deuxième fois, de façon indépendante... mais cette fois outre-Atlantique ! Apparaissent alors les « thérapies brèves » et les premières approches somatiques, qui bouleversent nos connaissances sur les processus de la guérison. L'école de Palo Alto joue un rôle important dans cette véritable révolution.

Les thérapies brèves de l'école de Palo Alto sont conçues pour amener le patient à changer : ce sont essentiellement des techniques de changement. Elles se démarquent profondément des approches thérapeutiques à l'européenne (après Pierre Janet !), qui visent à ce que le patient « se connaisse mieux » lui-même, découvre sa « personnalité profonde ». À l'origine, ces thérapies se sont inspirées de la cybernétique et de la théorie de l'information, qui étaient apparues peu avant. Le centre de thérapie brève de Palo Alto permet à Milton Erikson et Don Jackson de développer leurs premières recherches : le processus de changement est l'enjeu central de la thérapie, il doit apporter une rupture de continuité avec les habitudes dans lesquelles le patient s'est enlisé depuis des années, dans sa vie quotidienne. Mais c'est surtout au thérapeute Jay Halay que nous devons les principes essentiels de ces approches. C'est lui qui forge l'expression de « thérapie brève ». Ce thérapeute remarquable, trop peu connu en France, mérite d'être présenté. En 1963 il publie un ouvrage intitulé « Stratégies de psychothérapie », où il présente une synthèse des théories de Gregory Bateson, de l'approche thérapeutique de Milton Erikson et de sa propre pratique de la thérapie familiale. À cette époque la réputation de Milton Erikson acquiert une envergure internationale. Les principes qu'il définit dans cet ouvrage constituent le fondement de toutes les thérapies brèves jusqu'à nos jours. Les voici en sept points !

1—définir un objectif à l'intervention : ce n'est pas parce que la thérapie peut être extrêmement brève (parfois une seule séance !) que les objectifs doivent être revus à la baisse par rapport à une thérapie classique, purement verbale. Beaucoup de choses peuvent être accomplies en peu de temps ; seulement un préalable strict doit être de définir clairement les buts à atteindre, conjointement avec le patient. 2—la thérapie commence dès la première séance : dans les thérapies classiques fondées sur la parole, le thérapeute attend de connaître son patient en profondeur pour commencer à orienter le traitement. Selon une approche bottom-up (ascendante, dénommée encore « de bas en haut », c'est-à-dire du soma - à l'émotionnel - au cognitif), au contraire, le travail commence dès la première séance, car le thérapeute peut s'attaquer dès le début aux symptômes qui sont clairement identifiés. 3—la situation présente est aussi importante que le passé : la thérapie brève se concentre sur les difficultés que le patient vit aujourd'hui et maintenant dans sa vie quotidienne. Bien sûr il est toujours utile de connaître son passé, mais la connaissance des expériences antérieures ne sert qu'à résoudre les problèmes qui se posent en ce moment. 4—le changement visé est plus comportemental que cognitif : l'objectif de la thérapie n'est pas d'amener le patient à « prendre conscience » de ses conflits internes, ou d'y chercher des causes profondes. L'intervention est avant tout pragmatique, centrée sur un changement dans la conduite du patient ; ces changements s'accompagnant de la disparition des symptômes, et quand le patient est rétabli, il importe peu que les causes profondes de ce changement n'aient pas été parfaitement éclairées. 5—le patient doit être motivé par le praticien : le thérapeute doit jouer un rôle actif pour encourager le patient à être acteur de son propre changement. Milton Erikson allait jusqu'à mettre en doute la motivation de ses patients à changer… il s'agissait en fait d'une astuce destinée à les faire prendre conscience que ce changement tant attendu était – en effet – enfin possible ! 6—le thérapeute donne des consignes… pas des suggestions : les consignes ont pour objectif de faire agir le patient d'une façon nouvelle pour lui, de modifier son comportement. Les injonctions sont simples et faciles à suivre, elles n'imposent aucun choix et le patient reste entièrement libre. 7—le maniement du paradoxe peut être utile : la technique des injonctions paradoxales est dans bien des cas extrêmement efficace. Milton Erikson avait déjà mis au point ce qu'il appelait des « techniques étranges », et Haley en propose ici une synthèse. Avec cet ouvrage fondamental, Jay Haley pose véritablement les bases essentielles de la thérapie moderne.

Pour l'école de Palo Alto, la thérapie doit abandonner l'idée de modifier un être humain en profondeur, en touchant aux ressorts les plus intimes de son âme. Elle doit perdre l'objectif de résoudre des conflits enfouis depuis des décennies, mettre à jour le vrai « moi » et considérer la cure comme une quête quasi-mystique. Ces objectifs sont si hauts qu'ils mettent des mois à être approchés, voire des années… quand le patient n'interrompt pas sa cure avant d'être pleinement soulagé. La thérapie, au contraire, doit être centrée sur la souffrance du patient dans sa vie quotidienne, son but doit être de rendre au patient son autonomie, de le mettre en situation de n'avoir plus besoin de thérapeute ! Pour l'école de Palo Alto, la thérapie a pour objectif de permettre au patient de mener une vie normale, c'est-à-dire de pouvoir résoudre seul les petites difficultés quotidiennes, de pouvoir surmonter les imprévus, les contre-ordres, les déceptions, les contrariétés comme nous parvenons généralement à peu près à le faire quand nous sommes en forme. Finis les grands principes philosophiques, l'idéal à atteindre, la thérapie somatopsychique doit modestement soulager la souffrance et diminuer la difficulté à vivre.

Peter Levine : un pionnier de l'approche somatopsychique

Un troupeau d'impalas broute paisiblement dans une oasis luxuriante. Soudain, le vent tourne, et apporte une odeur bien connue... les impalas se raidissent et s'apprêtent à réagir en une fraction de seconde... à ce moment un guépard surgit d'un massif d'arbustes... un jeune impala trébuche et se redresse aussitôt. Mais il est trop tard ! Le guépard se lance sur lui... le jeune impala tombe au sol, pétrifié. En fait, l'animal n'est pas mort. Il n'est peut-être même pas blessé ! Face à un danger qui dépasse ses capacités d'y faire face, la gazelle est entrée instinctivement dans un état de conscience modifié qui est une réaction d'immobilité, elle s'est « figée ». Il existe trois types de réactions dont tous les mammifères disposent pour répondre à un danger qui menace leur vie : la réaction de se figer, la réaction de fuite et la réaction d'attaque. Dans son livre « Réveiller le Tigre », Peter Levine explique de façon claire et détaillée la « réponse de figement », ce lien mystérieux qui unit la vie des animaux sauvages et... le traumatisme humain ! Retenons déjà sa leçon : « c'est dans la réponse de figement que se trouve la clé permettant d'élucider le mystère du traumatisme de l'homme » (p. 31).

Pour les animaux sauvages, la réaction de se figer est souvent une bonne stratégie, et procure un avantage du point de vue de la sélection naturelle : rappelons tout d'abord, avec Levine, que dès que l'organisme est figé de la sorte, toute douleur et toute peur disparaissent automatiquement ; même l'animal blessé et terrorisé devient parfaitement silencieux et musculairement détendu. D'autre part, en voyant sa proie totalement immobile, le prédateur peut se tromper et la considérer morte. À ce moment il peut décider de la laisser sur place quelques minutes, par exemple pour aller chercher ses petits : chance inouïe pour la proie qui « ressuscite » évidemment, dès que son prédateur a le dos tourné, s'enfuit à toutes jambes et échappe ainsi (pour cette fois), à une mort certaine. Tout bénéfice pour la plupart des mammifères, qui ne tardent pas, une fois le danger écarté, à retrouver leur mode de vie ordinaire. Chez une personne brutalement confrontée à un événement insurmontable, la réaction instinctive de se figer présente aussi des avantages non négligeables, en particulier comme le rappelle Levine, « « l'aptitude à entrer et sortir du figement est la clé qui permet d'éviter les effets nocifs du traumatisme » (p. 32).

En tant que psychosomaticien, le cœur de ma pratique réside là : il n'est tout simplement pas possible d'aider efficacement des patients traumatisés si on ne prend pas en compte ce qui se passe en eux dans leur corps, dans les processus mêmes de leur organisme. La gazelle qui réagit en se figeant à l'attaque du guépard n'a pas mobilisé de raisonnement, ni de volonté ; la réponse de figement est une réponse physiologique organisée par l'organisme à partir des informations en provenance de son cerveau reptilien. En face d'un danger vraiment sérieux, c'est le cerveau reptilien et le cerveau mammalien qui vont traiter prioritairement l'information : nous partageons ce type de fonctionnement avec tous les mammifères ! C'est pourquoi Levine s'est particulièrement intéressé aux réactions instinctives des mammifères sauvages sous l'influence de grands prédateurs : étudier les mécanismes somatophysiologiques déclenchés par ces situations nous en apprend beaucoup plus qu'on ne le pense sur le psychotraumatisme humain !

Les animaux sauvages disposent de stratégies de survie particulièrement efficaces. Que de couleurs et de formes, discrètes ou chatoyantes, modestes ou impressionnantes dissuaderont des attaquants avant même tout combat ! Les comportements instinctifs sont tout aussi variés, et offrent une panoplie complète de réponses adaptées au danger. Comme le rappelle Levine, « le zèbre utilise un camouflage ; la tortue se cache ; les taupes creusent des terriers ; les chiens, les loups et les coyotes roulent sur le dos… ». Depuis les araignées et les cafards jusqu'aux primates et aux êtres humains, les mêmes comportements de survie se retrouvent. La fuite et le combat sont des comportements instinctifs universels : présents d'une extrémité à l'autre de la classification des êtres vivants, on les observe chez toutes les espèces vivantes, de la bactérie à l'anthropoïde ! Quand le contexte pousse l'individu à se battre, il va se battre. S'il n'a aucune chance de gagner cette bataille, au lieu de combattre il s'enfuira (s'il le peut). Bien entendu chez les animaux ces décisions ne sont pas le fruit d'un long raisonnement. Comme le rappelle Levine « ils sont orchestrés de façon instinctuelle par le cerveau reptilien et le cerveau limbique » (p. 98). C'est la nature qui sélectionne le répertoire comportemental des espèces vivantes. Aucun individu ne décide jamais rationnellement de fuir ou de combattre, ni chez les animaux et ni chez l'homme ; car en cas de danger extrême, tout se passe si rapidement qu'il est impossible de réfléchir au problème, et la réaction doit être immédiate.

Mais quand la fuite ou le combat ne sont pas possibles, il reste encore une troisième voie : l'immobilité, le « figement ». Cette réponse comportementale est moins connue que les deux précédentes. Elle a pourtant, elle aussi, bénéficié de milliers de générations d'évolution biologique : si elle existe toujours aujourd'hui, c'est qu'elle a passé l'examen de la sélection naturelle et qu'elle fonctionne. Non seulement elle peut être aussi efficace que la fuite ou le combat, mais comme le dit Levine « elle peut même devenir le meilleur choix dans de nombreuses situations » (p. 99). Car en effet, dans le domaine de l'évolution biologique, survivre ne signifie pas vaincre tous ses ennemis, mais seulement rester en vie ! Il suffit de pouvoir attendre que le danger soit passé, ou qu'une occasion de fuite ou de combat apparaisse de façon inattendue. Peu importe si on doit sa survie à un magnifique combat de colosses ou à quelques minutes d'immobilité simulant la mort : « la nature ne porte pas de jugement de valeur sur la stratégie employée » (Levine, p. 99). Aucune antilope ne reprochera sa lâcheté à une autre antilope pour avoir feint la mort devant un guépard, ou s'être enfui à toutes pattes ! Aucune gazelle ne se demandera, des semaines plus tard, si elle a vraiment bien réagi ce jour-là et si elle aurait pu avoir une réaction plus appropriée ou plus efficace. Comme le rappelle Levine : nous non plus, nous ne devrions porter aucun jugement sur la façon dont une personne a réagi face au trauma, et nous devrions nous-mêmes oublier l'événement sitôt qu'il appartient au passé. Hélas les choses ne se passent pas vraiment de cette façon.

La réaction de figement, trop peu étudiée, trop peu connue aujourd'hui, présente beaucoup d'avantages évolutifs pour les espèces qui l'utilisent. Tout d'abord, seuls les animaux qui pratiquent le charognage sont capables de manger un animal déjà mort. Les hyènes, certains rapaces, n'ont aucuns scrupules à dévorer des animaux qui ont déjà tués par un autre prédateur. Mais beaucoup de prédateurs ne sont pas charognards, c'est-à-dire qu'ils ne mangeront que des animaux qu'ils viennent de chasser et de tuer. Or, la réaction de figement imite une mort subite dont le prédateur n'est pas la cause directe. Cette réaction peut dérouter le comportement instinctuel du prédateur en train de chasser, et simuler une situation où la viande ne sera pas comestible. De ce fait, le prédateur pourra éventuellement abandonner sa proie, ou au moins s'en éloigner quelques secondes…. les quelques secondes qui suffiront à cette proie bien vivante à détaler à pleine vitesse ! De plus, certains prédateurs rencontrent des difficultés à détecter des proies qui ne bougent pas. Les grenouilles, par exemple, ne chassent que des insectes en plein vol ; ça n'est par pour le plaisir du challenge de capturer des proies difficiles… c'est tout simplement parce qu'elles ne voient pas les insectes immobiles ! Pour la chasse, leur cerveau utilise exclusivement les systèmes de détection du mouvement : même affamée, une grenouille est capable de mourir de faim devant une montagne de libellules fraîchement capturées et entassées devant elle… Un effet dont les proies tirent parti depuis bien longtemps, et qu'elles ont même appris à amplifier : les camouflages, les leurres visuels dont la nature est si extraordinairement riche décuplent encore leur pouvoir de se rendre invisibles. Ainsi, quand une proie réagit à l'attaque d'un prédateur en se figeant sur place, dans bien des cas elle échappe subitement à sa vigilance. En un instant le prédateur se voit plus sa proie, ne sait plus où elle est. C'est assurément une excellente stratégie. La réaction de figement a encore deux autres avantages, que rappelle Levine p. 99. D'une part, quand un grand félin se lance à l'assaut d'un troupeau, la chute d'un animal qui tombe dans le figement peut distraire l'attention du prédateur et l'amener à hésiter une fraction de seconde : une fraction de seconde salutaire pendant laquelle tout le troupeau aura déjà pu s'enfuir de plusieurs dizaines de mètres ! La réponse de figement a une autre fonction bénéfique, elle joue en quelque sorte le rôle d'un « fusible » : elle débranche l'organisme au moment précis ou aucun être humain ne pourrait résister à une activation aussi intense que celle que provoque une menace de mort imminente. Enfin, n'oublions pas que la réponse de figement déclenche une profonde insensibilité à la douleur, ce qui est très profitable, avant la fuite éventuelle, si l'animal a déjà été blessé par le prédateur.

La réaction de figement chez l'homme... et comment en sortir !

En tant que mammifères, nous présentons une caractéristique unique dans le monde animal : selon les circonstances, nous sommes tantôt des proies, tantôt des prédateurs. La plupart des mammifères ne peuvent passer ainsi d'un rôle à l'autre, leur espèce les inscrit irrémédiablement dans l'un des deux rôles pour le reste de leur vie. Leur organisme a évolué pendant des millions d'années pour leur donner les meilleurs atouts pour esquiver les prédateurs, ou pour attraper les proies. Depuis des millions d'années, nos ancêtres préhistoriques ont exploré la voie inverse ! Celle de cultiver tout autant les caractéristiques de survie des proies que des prédateurs. Il en résulte, chez l'homme, une formule complexe que seule l'étude approfondie des animaux sauvages peut éclairer.

Une situation ambiguë qui rend l'homme particulièrement vulnérable aux effets ravageurs des traumatismes. Même après avoir quasiment frôlé la mort, une mort atroce promettant des douleurs épouvantables, malgré ce danger abominable auquel il vient d'échapper miraculeusement, « une fois hors de danger, l'impala… reprendra le plein contrôle de son corps. Il retournera à la vie normale comme si rien ne s'était passé » (Levine p. 32) !

On aimerait pouvoir en dire autant. Hélas, chez l'homme, les choses ne vont pas se passer exactement de la même façon, c'est ce que Levine appelle le drame du traumatisme, ou « le complexe de Méduse ». Cette référence à la créature grecque qui figeait en pierre ceux qui croisaient son regard n'est pas anodine : quand l'homme fait soudainement face à sa propre mort, il se fige lui aussi. Or, le traumatisme apparaît au moment où toute l'énergie que l'organisme utilisait à ce moment se trouve soudainement piégée à l'intérieur d'un corps qui se retrouve subitement aussi immobile qu'un cadavre Levine n'hésite pas à le dire : le reliquat d'énergie, emprisonné en nous-mêmes « provoque des ravages sur notre corps et notre esprit » (Levine, p. 35). Une grande partie des symptômes post-traumatiques prend son développement dans nos efforts infructueux à terminer ce processus que les mammifères achèvent sans même y penser : sortir de l'état de figement et revenir enfin à un état d'équilibre somatopsychique.

Quand nous faisons face à un danger particulièrement grave, une énorme quantité d'énergie est libérée dans notre corps pour nous apprêter à réagir à la menace : par exemple, quand une gazelle est attrapée par un lion au terme d'une course poursuite en pleine vitesse dans la savane, au moment où elle va avoir la réaction de figement tout son organisme est encore inondé des flots d'énergie que représentent l'intensité d'une course à pleine vitesse. Alors que maintenant, son corps est totalement figé et tous ses muscles relâchés, une véritable tornade énergétique balaye chaque recoin de son organisme. Pour surmonter un tel traumatisme, le plus important est de parvenir à écouler toute cette énergie qui a été retenue. Levine l'indique : tant que l'énergie accumulée n'a pas pu être libérée, alors l'individu « deviendra une victime » (p. 35).

Or libérer cette énergie n'est absolument pas une tâche facile : contrairement à ce qui arrive aisément aux autres mammifères, chez l'homme elle ne s'écoule pas naturellement, parce que nous avons en nous la double nature de proie et de prédateur : notre réaction naturelle est d'attaquer en certaines circonstances, de fuir ou de se figer en d'autres occasions ; il existe par conséquent des contextes ambigus où l'organisme « hésitera » entre ces deux stratégies. De ce fait, parfois ce profond réservoir de forces a tendance à stagner en nous comme les étendues de lave bouillante au bas des volcans en éruption ; et c'est en persistant dans le corps que cette énergie, en déclenchant le processus morbide post-traumatique, amène les symptômes tels que l'angoisse, la dépression et les troubles somatopsychiques. En un mot, la stagnation de cette énergie à l'intérieur du corps est la cause principale de la mise en route du processus symptomatologique du psychotraumatisme.

Bien des survivants de traumatismes graves peuvent en témoigner : on ne guérit pas d'un trauma aigu simplement en le racontant à ses proches ou à son thérapeute ; même le fait d'exprimer sa colère ou son angoisse n'est pas suffisant la plupart du temps, et certains sujets peuvent le faire pendant des années sans jamais en ressentir le moindre soulagement. Car ils passent à côté du principal, ils oublient de s'adresser au véritable cœur du problème : l'énergie résiduelle bloquée dans leur corps. Levine utilise une image très parlante pour symboliser cette approche, tirée de son expérience de praticien. Nancy était une patiente recommandée par un collègue psychiatre pour quelques séances de relaxation. À la première séance, Levine entreprend une relaxation pour Nancy. Catastrophe, ça n'était pas du tout ce qui convenait à la patiente ! Nancy fait soudain une attaque de panique très intense, « elle était paralysée et incapable de respirer. Son cœur battait à tout rompre et semblait vouloir s'arrêter ». Quelque peu surpris par la soudaineté et l'intensité de cette réaction, Levine n'est pas très rassuré lui-même. C'est là que sa propre peur lui suggère une initiative un peu folle : joignant ses propres émotions d'angoisse à celles de la patiente pétrifiée de terreur, il s'écrie subitement « oh ! vous voilà attaquée par un énorme tigre ! Regardez le tigre qui arrive sur vous, courez jusqu'à cet arbre, grimpez et vous serez sauve ! ». à ce moment – à la surprise de Levine lui-même – les jambes de Nancy se mettent à ébaucher des mouvements de fuite ! Elle pousse ensuite un grand cri et reste dans des secousses et des convulsions pendant près d'une heure. Ce que le thérapeute comprend alors, c'est que Nancy est en train de revivre un événement traumatisant de son enfance, dont elle n'avait jamais pu évacuer l'énergie prisonnière en elle, maintenue en cage... comme un tigre ! cette séance produisit un effet extraordinaire sur Nancy, qu'aucun autre professionnel n'avait pu réaliser avant Levine. L'énergie traumatique enfin libérée, sa personnalité fut réunifiée, et Nancy n'eut plus jamais d'attaque de panique.

La Thérapie Intégrative Corps-Esprit [T.I.C.E©] : approche somatopsychique ascendante

C'est en me tenant régulièrement informé des résultats de la recherche en traumatologie depuis les années 1980, que j'ai été en mesure de développer moi-même une approche thérapeutique que j'appelle « mixte » en ce qu'elle met à profit les ressources semi-verbales du patient, à l'étroite frontière qui délimite le corps de l'esprit. Car vis-à-vis des patients traumatiques ou stressés, je me suis vite aperçu du principal inconvénient des approches les plus utilisées : la plupart des thérapies sont axées soit sur le matériel verbal, soit sur le matériel non-verbal, et le lien entre les deux registres n'est pas suffisamment approfondi. Au contraire, la Thérapie Intégrative Corps-Esprit © (T.I.C.E.) que j'élabore maintenant depuis les années 1990, appréhende le traitement verbal comme une 'hypnose sans hypnose', ou plus précisément comme une « hypnose consciente », réalisant enfin la réintégration somato-psychique des patients.

Hypnose, vous avez dit hypnose ? Bien sûr, car l'hypnose est une approche très aboutie pour aider le thérapeute à éviter le principal écueil qui se présentera à lui lors de son exercice : suggestionner le patient ! Les praticiens les mieux intentionnés sont parfois menacés de plonger dans la 'toute puissance', d'influencer le patient sans s'en rendre compte (même de façon non intentionnelle), et de lui imposer un changement qui ne sera pas véritablement le sien. Voici donc – paradoxalement – pourquoi une excellente connaissance et bonne expérience de l'hypnose est indispensable au traitement du psychotrauma : le praticien formé à l'hypnose connaît les modes hypnotiques et les différentes catégories de la suggestion et est donc particulièrement en mesure de s'en prémunir. Bien loin de suggestionner le patient, la thérapie doit au contraire viser la liberté (perdue) du patient. Non intrusive et non directive, mon approche T.I.C.E.© aide la personne dissociée ou souffrant de trauma, à retrouver une autonomie à sa façon, qu'elle a parfois perdue depuis des années, voire des décennies. Le psychosomathérapeute est un guide aidant une personne égarée à arpenter avec de plus en plus d'aisance un terrain pour lui largement inconnu, celui de sa propre liberté.

La T.I.C.E.©, bien qu'applicable à tous les patients, est, cependant, particulièrement adaptée à ces patients fortement dissociés car le travail semi-verbal évite efficacement au praticien de rejouer vis-à-vis du patient un rôle qui peut être perçu comme intrusif, voire dangereux pour des sujets qui ont subi souvent des agressions. L'alliance thérapeutique, garante du dénouement favorable de la cure, est à ce prix ! Le cœur de l'approche consiste à aider le patient à achever ce qu'il n'a pu effectuer dans le passé, l'aider à terminer, ici et maintenant, une action somato-psychique qui n'a pas pu l'être jadis, et dans laquelle il est maintenant enferré : il faut toujours garder à l'esprit que le patient a littéralement « un pied » dans le passé et « un pied » dans le présent. Or, bien souvent son trauma s'est inscrit dans son corps bien plus que dans des mots ; il ne comprend pas forcément lui-même cette emprunte somatique qui l'empêche de mener la vie normale que les autres personnes semblent vivre sans difficulté autour de lui... Innovante et rapide, une approche de type bas – haut (bottom-up) est la mieux adaptée à leur cas : en effet l'hypnose sans hypnose, a déjà montré son efficacité sur des cas cliniques cumulant depuis longtemps de multiples consultations.

CHAPITRE II

Trauma et stress : pourquoi ?

Du « fluide nerveux » aux neuromédiateurs

Luigi Galvani s'intéresse très tôt à un tout nouveau domaine de la recherche, « l'électricité médicale ». Au milieu du 18ème siècle, les premières expériences de physique de l'électricité ne tardent pas à inspirer les médecins et les physiologistes, qui commencent à s'enquérir des effets de ces phénomènes sur le corps humain. Au cours des années 1780, Galvani se passionne pour ces questions et réalise bientôt une fameuse expérience : il prépare une cuisse de grenouille de sorte que le nerf sciatique soit bien visible et directement accessible, puis électrise un scalpel en le frottant énergiquement contre un morceau de laine. Alors il place le scalpel électrisé au contact du nerf dénudé. Sous l'œil ébahi de ses assistants, la cuisse de grenouille de contracte, comme si elle était vivante ! Il appelle « électricité animale » la force qui active les muscles de ses spécimens.

Galvani considérait le nerf un peu comme les fils électriques métalliques des expériences de physique de la même époque : le nerf devait être un matériau conducteur qui « laisse passer » le courant électrique. Ses hypothèses visaient avant tout à réfuter les théories des fluides qui couraient encore à son époque, faisant de la force motrice du corps un liquide ou un gaz. C'est Galvani qui prouve en effet, définitivement, qu'un phénomène électrique a bien lieu pour mettre le muscle en mouvement. Mais il pense que l'animal est doté d'une source interne d'énergie électrique, et que l'électricité s'écoule des muscles vers les nerfs. Le physicien Volta, inventeur de la pile électrique, se passionne immédiatement pour les expériences de Galvani. Il va les reproduire à l'aide de sa fameuse pile. Il montre que l'électricité de la pile permet de reproduire tous les mouvements des muscles, rendant inutile l'hypothèse d'une source interne d'électricité que soutenait Galvani.

En réalité Galvani et Volta n'avaient pas tout à fait raison, mais pas tout à fait tort : il a fallu attendre le siècle suivant pour qu'on découvre que l'électricité qui circule dans le nerf n'a pas exactement la même nature que celle qui circule dans un fil électrique. Dans le fil électrique, un courant est produit par le libre déplacement des électrons dans le métal ; au sein du système nerveux, ce qui « circule » a plutôt la nature d'une information : on parle de « potentiel ». Au niveau du nerf, le potentiel se propage par dépolarisation de la membrane de l'axone (l'extrémité allongée du neurone) ; d'un nerf à l'autre, le potentiel se propage par la libération des fameux « neuromédiateurs » dans la fente synaptique. Les principaux neuromédiateurs sont l'adrénaline, la dopamine, l'acétylcholine et la sérotonine. Chacun d'eux sont utilisés pour traiter les symptômes de diverses pathologies nerveuses ou psychiatriques, comme la maladie de Parkinson, traitée à l'aide de la dopamine, ou la dépression traitée à l'aide de la dopamine ou de la sérotonine.

Le système nerveux comporte une partie qui nous intéresse particulièrement ici, qui a reçu un nom à part : le Système Nerveux Autonome (SNA), dit neurovégétatif. Le système nerveux autonome prend en charge toutes les fonctions de l'organisme que nous ne pouvons pas administrer de nous-mêmes, par la volonté. Il est composé de deux « axes » principaux, aux effets opposés (on dit « antagonistes ») : le système dit « sympathique » prépare notre organisme aux conditions de menace ou de danger, c'est le système du stress, il accélère notre rythme cardiaque, libère le cortisol, augmente la pression artérielle par un effet de constriction des vaisseaux sanguins, et enfin avive notre vigilance ; de son côté le système dit « parasympathique » a les effets opposés, ou antagonistes : il détend notre organisme en abaissant la tension artérielle par dilatation des vaisseaux sanguins, en diminuant le rythme cardiaque et l'activation générale, en somme, il adapte notre organisme aux conditions de calme et de repos. Le cerveau reste toutefois la vedette de notre système nerveux et son plus bel aboutissement évolutif. C'est lui que nous allons explorer maintenant.

Nos trois cerveaux

Comme une fusée, le cerveau est composé de trois étages ! À la suite de Paul Mac Lean, plus souvent on parle même de « trois cerveaux » : le cerveau « reptilien », le cerveau « mammalien » et le cortex. Du point de vue anatomophysiologique, le cerveau « reptilien » est le tronc cérébral et le cervelet, le cerveau mammalien est la matière blanche et ses noyaux gris, c'est-à-dire l'ensemble des centres localisés dans le volume de la masse cérébrale. L'édifice est surmonté par une mince couche de neurones particulier, la « matière grise » autrement appelée le cortex. Le cortex lui-même est divisé en deux zones aux fonctionnalités différentes, l'hémisphère droit et l'hémisphère gauche. L'hémisphère gauche est constitué d'aires cérébrales permettant le raisonnement et la résolution de problème, la compréhension de la parole et de la lecture, et leur versant actif, l'expression écrite et orale. Il est sensible à l'ordre logique et chronologique. C'est un hémisphère tourné vers la décomposition de la complexité en éléments simples : un esprit « analytique ». Au contraire l'hémisphère droit est constitué d'aires cérébrales travaillant plutôt globalement et par analogie, sensible aux métaphores verbales, à l'humour, à la vision d'ensemble de la situation. C'est cet hémisphère qui nous permet de comprendre les autres, de partager leurs émotions. Comme le disait Blaise Pascal, il s'agit là d'un « esprit de finesse », ou synthétique.

Le cerveau reptilien est le véritable maître d'œuvre de la pleine conscience somatopsychique, voie royale vers l'intégration de la personnalité dissociée. Le cerveau reptilien est un étage complexe et indispensable du système nerveux central de tous les mammifères, homme compris. C'est par lui que nous sommes capables de déployer nos réactions réflexes, nos réponses innées aux menaces ou au plaisir : il joue un rôle fondamental dans la survie des espèces, et la nôtre n'y fait pas exception. Chez les animaux, il n'existe pas véritablement ce que nous appelons une « décision » ou un « choix ». L'instinct contrôle à la fois les petites et les grandes actions. l'oiseau, le lapin, l'antilope, tendent l'oreille et tournent la tête au bruit de branches crissantes sous les pas d'un prédateur, ils cherchent des partenaires et mettent en œuvre de complexes stratégies de séduction, ils fabriquent des nids, des abris, des cachettes, ils amassent et dissimulent des réserves de nourriture pour l'hiver : des plus simples aux plus incroyablement élaborées, les activités des animaux échappent à la rationalisation, à la prise de décision volontaire au sens où ces phénomènes interviennent chez l'être humain. Les animaux n'éprouvent aucune différence entre le monde extérieur qui les entoure et leurs propres réponses comportementales, ils ne font tout simplement qu'un avec leur environnement : chez les animaux, il n'existe pas de séparation entre stimulus et réponse, leur survie est basée sur une parfaite harmonie entre l'individu et la nature (celle qui l'environne aussi bien que celle qui constitue son intérieur). Cette harmonie est indispensable à la vie, et sans elle, les espèces n'auraient pas pu évoluer, car elles n'auraient pas su répondre aux dangers avec rapidité et pertinence ; toutes ces stratégies ont été programmées génétiquement par des millions d'années d'évolution darwinienne, et ce pour une raison simple : ce sont tout simplement des stratégies efficaces.

Le cerveau mammalien apporte à l'étage précédent la dimension affective : celle-ci comprend les diverses émotions (variables d'une espèce à l'autre) et surtout, une grande variété de comportements sociaux entre congénères, particulièrement envers les petits. Le répertoire comportemental des espèces dotées d'un cerveau mammalien est donc extraordinairement plus diversifié que celui des reptiles, des poissons et des insectes, car le cerveau mammalien n'annule pas les effets du cerveau reptilien, mais les complète en les rendant plus élaborés et plus efficaces. Les émotions et les comportements sociaux constituent des sauts évolutifs dans la capacité de traiter et de stocker l'information : ce sont eux qui préparent directement l'émergence du cerveau rationnel.

À chaque instant les trois étages du cerveau, tout comme les deux hémisphères, concourent ensemble à traiter les informations en provenance de notre environnement ou de nos organes. Considérons par exemple une douleur persistante au niveau de la nuque. La douleur est d'abord traitée au niveau du cerveau reptilien, sans que nous puissions en prendre conscience. A cet étage elle peut influer sur nos réactions comportementales et sur les paramètres biochimiques de notre organisme (la douleur peut augmenter la pression artérielle par exemple). Le résultat de ce traitement passe ensuite à l'étage du cerveau mammalien, où cette douleur de la nuque va pouvoir se connecter à d'autres parties de notre corps et surtout, à notre mémoire et à nos émotions, produisant autant de nouvelles sensations. À cet étage, la douleur ne peut pas encore être traduites en mots, ni racontée. Ceci va se produire au niveau du troisième étage de traitement de l'information : le cortex (ou néocortex). Traitée par les aires du langage, de la motricité, de la planification, confrontée à nos souvenirs, avivée ou amoindrie par nos émotions, c'est au niveau du cortex que la douleur peut être décrite avec nos mots, racontée à nos proches ou au personnel soignant : à cet étage la douleur est devenue – comme le dit Sartre – une attitude, et même une pensée. Il en résulte en nous-mêmes un état complexe construit à partir de nombreuses impressions dont l'ensemble dynamique constitue notre expérience complexe, intérieure et intime, de notre douleur.

Mais le cerveau n'est pas isolé dans sa tour d'ivoire. Il fonctionne en étroite synergie avec le système immunitaire et le système endocrinien. C'est donc un réseau très complexe d'interactions somatopsychiques qui permet d'expliquer le stress et le trauma.

Le système immunitaire

Le système immunitaire a pour fonction de protéger notre corps des intrus qui réussissent à s'y introduire. Les occasions sont nombreuses... tout ce que nous mangeons, buvons et respirons peut contenir des agents agresseurs de notre intégrité physique. Même la peau peut aussi nous trahir un instant, car une petite plaie suffira parfois à laisser « entrer » d'indésirables substances. Enfin, n'oublions pas que c'est aussi le système immunitaire qui se charge de « nettoyer » notre organisme en éliminant les innombrables cellules de notre corps qui meurent chaque jour pour être remplacées par de nouvelles. Lorsqu'un corps étranger pénètre l'organisme, par exemple de la terre ou du sable par une plaie, il est d'abord détecté par les globules blancs (leucocytes ou lymphocytes), ces véritables vigiles de l'organisme, surveillant tout. Les leucocytes vont se charger du comité d'accueil : tout d'abord, ils s'amassent en grand nombre au niveau de la plaie, et c'est ce qui fait enfler votre peau au niveau d'une blessure externe (plaie), mais aussi au niveau d'une blessure interne comme une entorse. Ensuite, les leucocytes libèrent des substances qui accélèrent la destruction des intrus qui ont pénétré l'organisme ; enfin, d'autres globules blancs, les macrophages, éliminent les débris en les engloutissant ! Quand l'agent infectieux est une bactérie ou un virus déjà connu de l'organisme, les globules blancs qui vont se mobiliser le plus activement sont les lymphocytes. Ils reconnaissent l'intrus à ses « antigènes », ou molécules caractéristiques, et s'acharnent à le détruire en libérant des « anticorps », molécules spécialement adaptées à un antigène donné. Ici aussi, les macrophages termineront le travail en purgeant l'organisme des résidus de la bataille ! Des recherches cliniques ont montré que les émotions négatives affaiblissent la réponse immunitaire, augmentant ainsi le risque de pathologies variées. De nombreuses études montrent qu'une émotion positive stimule la sécrétion des anticorps, tandis qu'une émotion négative freine cette sécrétion.

Une véritable cascade d'interactions

Après la découverte du système nerveux, du système immunitaire et du système endocrinien, on a longtemps cru que les trois systèmes fonctionnaient de façon totalement indépendante. Il n'en est rien : notre fonctionnement quotidien, tout comme nos réactions en cas de danger, nécessitent un subtil équilibre entre les effets de ces deux systèmes antagonistes. Quant au système endocrinien, ou hormonal, il mobilise les fameuses « hormones » que nous connaissons tous. Les hormones contrôlent la plupart de nos fonctions organiques comme la digestion (insuline) ou la reproduction (testostérone) ; trois centres hormonaux jouent un rôle particulièrement important pour ce qui nous concerne ici : l'hypophyse, l'hypothalamus et les surrénales qui pilotent des réactions aussi importantes que celles de la peur et du stress. Enfin, le système immunitaire fonctionne avec ses propres molécules, moins connues auprès des non spécialistes, telle que les cytokines ou les interleukines.

Ce que la recherche a montré au cours du 20ème siècle, c'est que la vision de trois grands systèmes fonctionnant chacun de son côté en ignorant les deux autres était bien trop simple, et en réalité, les nerfs et les neurones, les glandes endocrines et les cellules de l'immunité ne cessent d'interagir entre elles ! Les neurones communiquent avec les cellules de l'immunité et avec les glandes endocrines : certains neurones interagissent avec des interleukines et des hormones telles que l'ACTH, certaines cellules de l'immunité interagissent avec les neuromédiateurs ! C'est ce qui explique que des émotions peuvent être à l'origine de fièvres, d'insomnies voire même de fausses couches... Des impressions, pensées ou émotions désagréables stimulent directement le système nerveux autonome, et plus particulièrement ses voies sympathiques, c'est-à-dire stimulent l'augmentation du rythme cardiaque et la vigilance qui prépare l'organisme à fuir ou à attaquer. Inversement, des idées ou des images positives vont directement stimuler le système parasympathique et ainsi, abaisser le rythme cardiaque et relâcher les muscles... Il n'est donc pas possible de séparer l'esprit du corps, et les anciens philosophes s'étaient trompé : à chaque instant le corps se manifeste à notre conscience à travers nos émotions ou nos pensées, et nos émotions sont directement traduites en « langage » somatique. Ces découvertes récentes sont parmi les plus importantes de l'histoire des sciences, car elles fournissent les bases théoriques et pratiques à des thérapies somato-psychiques d'une efficacité que nos ancêtres n'auraient même pas osé imaginer !

Une émotion négative, le stress d'une situation, a des effets directs sur le fonctionnement du cerveau et du système hormonal. Le stress stimule à la fois l'activation du système nerveux sympathique, qui prépare l'organisme à une menace, et l'activation des glandes surrénales, qui vont libérer dans la circulation sanguine une hormone aux effets comparables : l'adrénaline. Mais le processus ne s'arrête pas là, et au contraire, fait boule de neige : la libération d'adrénaline entraîne la stimulation de l'hypothalamus, qui sécrète une hormone à destination de l'hypophyse. Quand elle reçoit ce signal, l'hypophyse se met à secréter sa spécialité, l' adrénocorticotrophine... plus connue sous son anagramme ACTH. C'est l'ACTH qui, en diffusant dans la circulation sanguine, va aller déclencher l'activation de la glande cortiso-surrénale, laquelle libère le fameux cortisol, l'hormone du stress. C'est le cortisol qui, à son tour, va entraîner des modifications de l'organisme adaptées au danger, à la fuite ou à l'attaque. Les émotions que nous vivons quotidiennement, et surtout les émotions fortes, ont donc de profondes répercussions dans notre corps, car elles mobilisent trois des plus importants systèmes biophysiologiques dont sont dotés tous les mammifères : le système immunitaire, le système nerveux et le système hormonal.

Mes patients arrivent souvent à la première consultation dans un état de stress chronique qu'ils subissent depuis des mois, parfois depuis plusieurs années. Des durées si longues dans cet état somatopsychique si dégradé peuvent comporter d'importants risques médicaux. En temps normal l'adrénaline, l'hormone libérée par les glandes surrénales au moment d'un danger, est rapidement éliminée par l'organisme. La sécrétion d'adrénaline dure rarement plus que quelques minutes (quelques heures tout au plus), et les molécules sont rapidement altérées par la métabolisme : en quelques heures il ne reste plus de traces d'adrénaline dans l'organisme. Si au contraire l'état de stress devient chronique, la sécrétion d'adrénaline est pratiquement continuelle, et d'importantes quantités de cette hormone stagnent continuellement dans les tissus. Cette situation tout à fait inhabituelle n'a pas été prévue par les mécanismes de l'évolution biologique qui ont façonné notre fonctionnement il y a plusieurs millions d'années ! Un problème imprévu surgit alors : la présence continuelle d'adrénaline dans le corps finit par endommager le système cardiovasculaire ! Du fait que la pression artérielle est durablement trop élevée, les artères se fragilisent et font de moins en moins barrage aux graisses, et en particulier à ce « mauvais cholestérol » que nous redoutons tous ; alors le cholestérol s'installe dans les artères où il commence à former des dépôts lipidiques ; ces dépôts réduisent le diamètre interne des artères et gênent la circulation sanguine ; de plus, avec le temps, des globules blancs, des cellules sanguines et des minéraux viennent s'agréger à ces plaquettes de cholestérol et les durcir : à ce moment le patient a considérablement augmenté son risque d'accident vasculaire.

Les effets à long terme d'une sécrétion chronique de cortisol ne sont pas moins fâcheux. Un taux trop élevé de cortisol pendant une durée anormale a pour premier effet de perturber la sécrétion d'insuline. L'insuline est l'hormone responsable du transfert du sucre sanguin vers le foie, où il est stocké sous forme d'amidon. Si la sécrétion d'insuline est perturbée, il se peut qu'un taux de sucre trop élevé persiste dans le sang. à terme, cette situation peut conduire à du diabète, à une prise de poids excessive et à une perte de masse musculaire. Des effets négatifs sont parfois observés, également, sur la tension artérielle... et même sur la mémoire ! Mais ce n'est pas tout et trop de cortisol dans l'organisme peut aussi fragiliser le système immunitaire. De ce fait, le patient voit augmenter ses risques de contracter diverses infections : le voilà dans la situation d'une immunodéficience acquise. Cette situation favorise la survenue de pathologies lourdes telles que les diverses maladies auto-immunes. Les maladies auto-immunes sont des pathologies où le système immunitaire ne distingue plus entre l'intérieur et l'extérieur et s'attaque à tout : nos propres organes sont considérés des corps étrangers et notre immunité se retourne contre eux ! Peu à peu détruits par le système immunitaire, nos organes cessent petit à petit de fonctionner, il peut alors apparaître des insuffisances rénales, cardiaques, des cirrhoses ou autres hépatites...

Au cœur de nos sociétés modernes de loisir et de confort gît un étonnant paradoxe : jamais les gens n'ont été aussi stressés ! L'individualisme contemporain nous oblige à la performance, à la réussite : une forte contrainte sociétale qui pèse sur chaque individu depuis sa plus tendre enfance. Malgré toutes les évolutions qu'il a subies ces dernières décennies, le système scolaire est resté très élitiste. Chaque année, plusieurs centaines de milliers d'élèves quittent l'école sans aucun diplôme, et sont inéluctablement livrés à un long chômage. Les parents, conscients des dangers du système, ont tendance à être encore plus exigeants avec leurs enfants qu'à la génération précédente, et en voulant bien faire leur « mettent la pression » parfois au-delà du supportable, comme si la réussite pouvait se commander... comme au supermarché. Plusieurs études ont montré que le nombre de jours de maladie des élèves scolarisés est statistiquement proportionnel au taux de stress ressenti par l'enfant qui se trouve prisonnier d'une double contrainte entre l'école et ses parents. Le stress se retrouve ensuite dans le milieu du travail, où règne en maître l'impératif d'efficacité. La course à la rentabilité à tout crin transforme notre univers professionnel en une arène où seuls les plus résistants s'en sortent sans dommage. Et les autres ? ils doivent composer avec cette loi d'airain et trouver les ressources en eux-mêmes... De nombreuses recherches ont démontré que des poussées d'éruptions cutanées, de douleurs aigues, de troubles digestifs, sont directement liées à la survenue d'un épisode particulièrement stressant au travail. Quant à des événements négatifs survenant dans la sphère privée, ils ont bien sûr des conséquences directes sur le psychisme et la santé. Une perte d'emploi, un deuil, une séparation douloureuse, entraînent immanquablement des niveaux élevés de stress somatopsychique, une sur-activation du système nerveux sympathique (le système excitateur), et du système hormonal. Une détresse psychobiologique qui se traduit également par un affaiblissement du système immunitaire, car les trois grands systèmes de notre organisme fonctionnement toujours de concert. Toute notre santé est donc directement suspendue à notre qualité de vie, et à ses fluctuations d'une période à l'autre de notre existence : une vérité aujourd'hui amplement démontrée, mais que la médecine a encore du mal à intégrer !

Stress, médecine et... placebo !

Les maladies inflammatoires sont souvent la conséquence d'un traumatisme, ou d'une longue période de tension somatopsychique, parfois étalée sur de nombreuses années. L'inflammation touchera statistiquement, entre autres, les articulations, conduisant à des arthrites, ou l'intestin, conduisant à des colites. Des études cliniques ont bien montré le lien entre la survenue d'un épisode inflammatoire et un événement stressant de la vie, ou l'existence d'une longue période de stress dans le passé du patient. Quand ces pathologies inflammatoires sont déclenchées par des contraintes psychologiques, le traitement médical à base de produits anti-inflammatoires aura une efficacité réduite en intensité et en durée : ses effets seront moindres, et le patient sera soulagé moins longtemps, car rapidement les troubles apparaitront de nouveau. Seule une approche somatopsychique peut soulager durablement ces patients. C'est pourquoi toute consultation médicale devrait s'accompagner d'un bilan psychologique, et toute consultation psychologique devrait s'accompagner d'analyses médicales. La maladie est toujours le résultat d'un processus complexe où interviennent de très nombreux facteurs en interaction. Trop souvent, la découverte d'un agent infectieux inconnu auparavant incite la recherche médicale à conclure que tout est enfin élucidé et qu'il n'y a plus rien à comprendre. Par exemple, depuis qu'on a découvert le rôle joué par les streptocoques, on prescrit des antibiotiques pour des angines streptococciques à répétition. Mais dans le même temps, il y a des gens qui sont exposés à ce microbe et qui pourtant ne développent pas d'angines à répétition : il a fallu longtemps pour réaliser que l'agent infectieux (ici, le streptocoque) n'expliquait donc pas tout… et que des facteurs moins « palpables » pouvaient jouer un rôle déterminant, comme par exemple le stress.

Avec ses conséquences somatopsychiques, le stress est le candidat numéro un des déclencheurs de nombreuses pathologies chroniques résistantes aux traitements médicaux. Le stress déclenche des dérégulations des trois grands systèmes psychobiologiques de l'organisme : le système nerveux, le système immunitaire et le système hormonal. Il en résulte des troubles médicaux, comportementaux et psychologiques. Même le cancer, LA maladie de notre siècle s'il en est, fait malheureusement partie, selon toute vraisemblance, des pathologies potentiellement sensibles au traumatisme et au stress aigu ou chronique. Le cancer est une pathologie aux déclencheurs plurifactoriels par essence : son apparition et surtout, son évolution, dépendent de facteurs génétiques et environnementaux, lesquels sont eux-mêmes sous la dépendance de facteurs immunologiques… qui dépendent directement de notre état somatopsychique comme on l'a vu précédemment.

Aujourd'hui la médecine considère le traumatisme comme une maladie, et comme le traumatisme est une maladie, seuls des médicaments peuvent le résorber. Les médicaments sont conçus et utilisés pour supprimer les symptômes, c'est-à-dire les signes cliniques qu'il est possible d'observer sur les patients. Cette approche pose un problème important : en supprimant les symptômes, bien souvent les médicaments vont aussi supprimer la possibilité, pour le patient, de libérer son énergie interne et d'achever la réaction qui n'a pas pu se faire complètement au moment de l'agression. Ce faisant, la médecine supprime carrément le processus naturel de guérison, et comme le rappelle Levine « si ce processus de rétablissement est supprimé par les médicaments, bloqué par la peur ou contrôlé par la volonté, alors notre aptitude innée à l'autorégulation est perdue » ! Contrairement à ce pensent certains médecins et nombre d'autres personnes, le traumatisme peut être guéri sans que le patient ait besoin de subir un intense traitement médicamenteux.

Un grand nombre de patients, avant d'arriver dans mon cabinet, ont d'abord fait appel à la médecine pour soulager leurs maux. Malheureusement, la médecine actuelle néglige presque totalement que les patients ont aussi des pensées, des émotions, des désirs, des craintes, des espoirs, des souvenirs, des projets... Beaucoup de personnes n'apprécient pas d'être considérés comme de purs organismes biologiques, des mesures fournies par des appareils, des tableaux de chiffres : pouvons-nous vraiment être réduits à nos analyses médicales ? Est-ce qu'elles traduisent tout ce que nous sommes, sont-elles réellement notre exact reflet ? Évidemment, non ! Pourtant, si beaucoup de patients l'ont déjà compris, il reste encore des médecins qui ne le réalisent pas suffisamment... Il s'ensuit que beaucoup de patients, n'ayant pas trouvé de réponse chez un médecin, sont renvoyés chez un autre, et un autre, ~~et un autre,~~ sans trouver plus de réponse : la spirale infernale de l'errance médicale est enclenchée ! Les examens succèdent aux examens, les spécialistes aux spécialistes, les bilans aux bilans : au bout de plusieurs mois, plusieurs années parfois, la souffrance est toujours là et la médecine ne voit rien, et surtout, ne peut rien.

Les (bons) médecins l'ont toujours su, et pourtant... la puissance de l'esprit à agir sur le corps a de tout temps été négligée par la médecine occidentale. Une médecine qui ne se prive quand même pas d'utiliser les pouvoirs de l'esprit dès qu'elle fait appel à l'effet placebo... par exemple pour mettre au point ses nouveaux médicaments ! Découvert au 19ème siècle, l'effet placébo désigne l'efficacité d'un médicament ne contenant aucun principe actif du point du vue médical. Depuis sa découverte, l'étude de l'effet placebo a donné d'étonnants résultats. On a montré que la douleur pouvait facilement être diminuée à l'aide d'un médicament placebo, que cette douleur soit d'origine multifactorielle comme la migraine, d'origine articulaire ou musculo-squelettique, ou d'origine physiologique (système digestif, circulatoire, cardiovasculaire...) ; il a été montré, en outre, que les mécanismes bio-neurochimiques de cet effet analgésique étaient en tous points identiques aux mécanismes mis en jeu avec des « vrais » médicaments antalgiques : l'imagerie cérébrale a prouvé que la réduction de la douleur par une substance placebo agit sur les mêmes noyaux sous-corticaux qu'avec un antalgique chimique comme l'aspirine ou l'ibuprofène ; de plus, les études cliniques ont permis de conclure que le médicament placebo perd son « efficacité » si on injecte au patient de la naloxone... or la naloxone est une substance qui diminue l'action des antalgiques biochimiques, c'est-à-dire l'action des neuromédiateurs de nos circuits cérébraux de la douleur. Il est donc démontré, aujourd'hui, que l'effet placebo agit exactement de la même façon que les médicaments antalgiques chimiques de la classe des anti-inflammatoires non stéroïdiens. D'ailleurs la prescription du médecin doit elle aussi respecter certaines règles, car la puissance des effets constatés est aussi surprenante que les conditions dans lesquelles on l'observe : un médicament placébo est plus efficace si le comprimé est bleu que rose, il est plus efficace si on en prend deux qu'un seul, ou si le comprimé est plus gros... Le médecin doit utiliser toute sa persuasion pour donner tout son pouvoir à la prescription.

Pourquoi la médecine, qui a elle-même démontré tous ces étonnants effets, n'utilise-t-elle pas plus souvent un mécanisme aussi puissant, aussi sain et aussi naturel ? Car l'efficacité de l'effet placebo dépasse très largement le domaine de la douleur : on a prouvé son efficacité à réduire les inflammations articulaires, diminuer le risque de grippe, faciliter le transit intestinal et réduire l'acidité gastrique, diminuer l'eczéma et le psoriasis, et même contrôler le rythme cardiaque, la pression artérielle et le taux de cholestérol ! En réalité, si les médecins n'utilisent pas plus un effet aussi intéressant et aussi aisé à mettre en œuvre, c'est pour une raison aisée à comprendre : ils ne souhaitent pas déclarer à leurs patients qu'ils sont en train de les traiter par « psychothérapie ». Car le patient a poussé la porte d'un médecin généraliste, pas celle d'un psychothérapeute ; il ne serait donc pas correct de le traiter d'une façon qu'il n'a pas sollicitée. Malgré tout, les médecins les plus consciencieux conseilleront une « psychothérapie » à leurs patients aux douleurs récalcitrantes, aux problèmes dermatologiques récurrents, aux difficultés digestives persistantes. Toute intervention sérieuse sur la dynamique corps-esprit, doit non seulement prendre en compte l'effet placébo, mais encore, l'utiliser et le mettre au service du soulagement du patient. En un mot, le thérapeute doit mettre à profit la puissance de cet effet, libérer ces forces extraordinairement puissantes et entièrement naturelles : hélas ça n'est pas toujours le cas.

Pourtant, l'utilisation de toutes les ressources intérieures du patient est parfois la clé d'un traitement réussi...

CHAPITRE III

Le corps et le langage des émotions

L'instinct et nos origines animales

Nous avons tendance à oublier un peu vite nos origines animales ! Pourtant, une part animale reste tapie au fond de chacun de nous : « quel que soit notre désir qu'il en soit autrement, nos liens à ces bases physiologiques demeurent » ! (Levine p. 89) L'organisme animal réagit par instinct et non par rationalisations, conceptualisations et autres interprétations ; mais nous ? Nous nous sentons parfois bien au-dessus de nos origines animales grâce à nos capacités cognitives. Pourtant, les forces instinctuelles qui sont enfouies au fond de nous-mêmes sont incroyablement plus puissantes que toutes les autres. Pour résorber le stress ou le trauma, il n'existe absolument aucun substitut à l'aide qu'elles peuvent apporter !

Si nous partageons avec les mammifères les mêmes capacités de réponse instinctuelle au danger, nous sommes la seule espèce à ne pas toujours savoir en tirer partie : seul l'homme peut subir un traumatisme. Pourquoi ne parvenons-nous pas à exploiter ces forces naturelles dont la puissance évite le trauma à toutes les autres espèces animales ? C'est la question que posait déjà Levine. Sa réponse reste très intéressante et nous en apprend beaucoup sur l'homme et sur le trauma. Pour Levine, notre conscience somatopsychique (ou « felt sense ») est le chaînon manquant entre notre personnalité rationnelle et notre personnalité animale, ou instinctuelle, c'est elle qui va nous guider vers la résorption de nos plaies intérieures. N'oublions jamais cette vérité que trop peu de personnes prennent en compte : « la nature ne nous a pas oubliés, c'est nous qui l'avons oubliée » ! (Levine, p. 90). Car en effet, le système nerveux d'une personne traumatisée n'est pas endommagé, il est juste figé, prisonnier d'un événement du passé qui l'empêche de continuer son évolution normale, de s'adapter aux changements de la vie quotidienne, aux nouveautés qui peuvent surgir à tout moment dans les sphères professionnelles, sociales, familiales. Le trauma est comme un blizzard polaire qui a tout recouvert de glace sur son passage : la pleine conscience somatopsychique va être en mesure de dégeler le paysage, de faire réapparaître ses couleurs, ses textures, ses odeurs, et toutes les sensations perdues qui ont fui la personnalité consciente depuis longtemps. « Chaleur et vitalité », c'est ce que le « felt sense » apporte à l'expérience vécue du patient, Levine le rappelle, et ce, dès les premières séances ; un état de conscience très particulier qui permettra de rétablir en douceur et de manière inoffensive la voie interrompue vers les forces enfouies de notre énergie intérieure.

Corps, émotion, expression

Bien des personnes expriment spontanément leurs joies, leurs espoirs ou leurs craintes ; des personnes sont aussi capables d'exprimer régulièrement leurs colères... s'ils le font trop souvent, ceux-là prennent le risque d'inspirer à leur tour de la colère chez leurs proches ou chez leurs collègues de travail. Mais en fait, exprimer ses émotions n'est pas naturel pour tout le monde, et il y a des personnes qui ne laissent jamais rien voir, qui sont capables d'afficher le masque de la parfaite indifférence, le visage d'une imperturbable neutralité… quand dans le même temps boue en eux une colère sourde ou une insondable angoisse ! S'il est évident qu'il vaut mieux éviter de se mettre en colère tous les jours contre tout le monde, il n'est absolument pas souhaitable non plus d'être totalement incapable de se mettre en colère, et de systématiquement tout garder en soi. Il en va de même pour les autres vécus émotionnels : les recherches cliniques ont montré qu'en vérité, exprimer ses émotions – tout en les maintenant dans les limites acceptables – est une façon puissante de se faire des amis, d'être mieux compris des autres et de mieux comprendre autrui soi-même, y compris en ce qui concerne des émotions négatives comme la peur ou la colère. Si nous savons tous ressentir des émotions, certaines personnes ont du mal à les traduire à l'aide du langage. Là aussi, des groupes de parole peuvent les y aider et auront généralement un effet bénéfique dans leur vie, bien au-delà du problème initial qui les a incités à consulter. C'est une expérience fascinante et extraordinairement enrichissante que de découvrir qu'il est possible de mettre des mots sur des ressentis intimes qu'on a toujours vécu dans l'automatisme, et de partager avec autrui ce qu'on a toujours gardé au fond de soi, comme s'il y avait une forme de honte à l'évoquer.

On ne l'a pourtant pas facilement compris : depuis des siècles, les hommes avaient considéré que l'émotion ne jouait d'autre rôle dans notre vie que de perturber nos actes et notre raison. Pour Descartes, l'émotion est comme un handicap, il faut apprendre à la surmonter ! On ne s'étonnera pas qu'en la tenant en si faible estime, l'investigation scientifique de l'émotion ne put guère commencer avant le 20ème siècle. Bien des découvertes fascinantes attendaient pourtant les chercheurs qui s'appliquèrent à son étude. Prototype même du langage non verbal, l'émotion est administrée par le cerveau mammalien et ses noyaux sous-corticaux. Le système limbique est le système le plus important dans la perception, le traitement et l'expression des émotions. Le système limbique est constitué principalement du thalamus et de l'hypothalamus, de l'hippocampe et de l'amygdale. Les émotions arrivent d'abord au niveau du thalamus, où elles sont aiguillées simultanément sur le cortex et l'amygdale. Les informations parvenues au cortex sont traduites en perceptions conscientes et en langage, tandis que celles qui sont allées vers l'amygdale se chargent d'une valeur positive ou négative. C'est donc à ce niveau que se construit la signification du stimulus émotionnel, ainsi que sa mise en mémoire à long terme. En fin de traitement sous-cortical, des signaux sont envoyés au corps à travers l'activation du système nerveux autonome, ainsi qu'à l'hypothalamus qui va pouvoir déclencher, si besoin, une décharge hormonale. L'émotion de peur, dont mes patients me confient si souvent les effets délétères, possède également une voie de traitement et de transmission qui contourne totalement le cortex : les faisceaux neuronaux vont directement du thalamus à l'amygdale. Cette voie directe nous permet de réagir très rapidement à des informations émotionnelles qui restent sous-corticales, et donc, ne parviennent pourtant pas à notre conscience et ne peuvent même pas être exprimées verbalement ! C'est ce processus qui nous fait tressaillir au bruit d'un pétard, pousser un cri quand nous nous cognons distraitement le bras... sans avoir jamais eu l'intention – bien sûr – de tressaillir ou de crier.

Perceptions somatiques : le « felt sense » de Peter Levine

Guérir du trauma est possible ! Mais pas n'importe comment. Nous ne devons pas nous lancer dans un combat au corps à corps sans y être préparé, sous peine de céder rapidement sous les coups. S'affronter à des souvenirs traumatiques nécessite une approche en douceur comportant des étapes progressives, dont chacune a son importance. Nos réflexes instinctifs sont comme des images de notre trauma dans un miroir. Nos engrammes somatiques, nos sensations corporelles sont de fidèles traces d'un trauma non résolu : elles constituent la meilleure piste à suivre pour remonter jusqu'à lui... à condition de respecter quelques règles. Comme sur tous les chemins escarpés. Comme l'écrivait déjà Levine, nos états somatiques sont véritablement des portes s'ouvrant sur les symptômes, autrement dit les portes d'entrée permettant d'accéder au trauma.

Le chemin vers la guérison du trauma passe par une redécouverte de son propre corps, de ses propres sensations. Accéder à la pleine conscience d'un vécu somatopsychique holistique, voilà le chemin vers le mieux-être. Levine y fait mention en parlant du « felt sense », une notion importante qu'avait élaborée Gendlin en 1992. Faire cette expérience de plénitude n'est pas chose aisée car il faut ré-assembler une grande quantité de données dispersées, des parties de notre personnalité qui se sont dissociées parfois depuis bien longtemps, sur lesquelles nous ne pouvons mettre des mots. Souvent, les personnes traumatisées ont perdu cette capacité de vivre un événement dans sa globalité, d'éprouver une expérience en percevant ses détails de façon unifiée à l'intérieur d'un tout, même si ses composantes ne sont pas verbales. Pourtant, retrouver cette conscience étendue de son environnement extérieur et intérieur est une voie sûre pour surmonter un trauma, à terme.

Comme le dit Levine, une conscience pleine et entière de notre vécu, le « felt sense » doit fusionner tous les petits détails de notre expérience psycho-corporelle ; langage sans mots mais langage à part entière, c'est cette conscience spéciale qui « vous dit à chaque instant où vous êtes et comment vous vous sentez » (p. 74). Levine compare cette conscience particulière au courant d'une rivière qui traverse des paysages différents ; son courant varie en suivant les caractéristiques des terrains qu'elle parcourt. Dans un paysage vallonné avec des reliefs accentués, le courant pourra être très fort, par moments. Ses flots bouillonneront autour des rochers, emporteront dans leur élan mouvementé les feuilles mortes et les branches d'arbres tombés dans la rivière. Nous voici maintenant dans une prairie d'une vaste plaine verdoyante : quel contraste ! la rivière est si calme qu'elle semble presque stagner, son courant est à peine perceptible et même son doux murmure se fait très discret. Il en est de même pour la conscience intégrée de notre corps : nous la ressentons au gré des expériences vécues que nous traversons : à chaque instant nous devons nous adapter aux circonstances qui s'imposent à nous aussi bien de l'extérieur que de notre intimité intérieure.

Toutes les sensations contribuent à la globalité de notre expérience vécue, selon leurs modalités propres. Pour nous le faire mieux comprendre, Levine prend l'exemple d'un glaçon. Nous donnons plusieurs noms à toutes les sensations que nous procure un simple glaçon : froid, lisse, dur, mouillé, transparent, petit, soluble, cubique… Or n'oublions pas que « toutes ces sensations sont importantes parce qu'elles créent une appréhension totale du glaçon » (Levine, p. 86). Or, c'est exactement ce qu'il se passe, en nous-mêmes, concernant nos sensations internes, aussi bien celles qui ont pour origine notre environnement extérieur que notre intérieur mental ou physique.

Les sensations se présentent à nous « sous une infinie variété » rappelle judicieusement Levine. C'est ce qui rend le « felt sense » irremplaçable. Lui seul vous permettra de percevoir, de vivre de l'intérieur de vous-même toutes les innombrables nuances des sensations qui se présentent à vous : « dans le champ de la physiologie, les sensations et les rythmes quasi imperceptibles ont autant d'importance que ceux qui sont très marqués » (p. 87). L'importance des rythmes, justement, est bien soulignée par Levine. Presque tous les phénomènes biologiques se déroulent en suivant des cycles ; ces rythmes biologiques sont fondamentaux. Mais pour la plupart d'entre eux, ils sont beaucoup plus lents que notre rythme de vie quotidien, que nous comptons souvent en minutes, voire même en secondes ! Le moindre rythme biologique dure plusieurs heures (comme la digestion, qui est l'un des plus rapides), les autres ont un cycle de plusieurs jours (comme les menstruations) voire même plusieurs mois. Or, ces rythmes naturels ont un rôle important à jouer dans le traitement du trauma. Comme le dit Levine, « l'une des raisons pour lesquelles le trauma se développe », c'est que « nous ne donnons pas à nos rythmes naturels le temps nécessaire à leur achèvement ». L'un des aspects essentiels du « felt sense » est de retrouver une sensibilité à ces rythmes instinctuels, s'ouvrir à nouveau à ces cycles ancestraux qui ont été modelés par des millions d'années d'évolution biologique, retrouver la conscience de ces changements imperceptibles en nous, dont pourtant dépend la richesse de notre vécu.

Mais le « felt sense », cette pleine conscience somatopsychique, n'est pas faite que de sensations. Bien sûr tous les sens y contribuent de façon importante : la vue, l'ouïe, l'odorat, et le sens tactile nous fournissent quantité d'informations à chaque instant, dont seule une infime partie émerge parfois à notre conscience. Mais le « felt sense » qu'évoque Levine englobe bien d'autres choses : les informations kinesthésiques et proprioceptives nous renseignent sur la position de notre corps, sur ses mouvements et déplacements ; les émotions sont au cœur de notre « felt sense » et donnent leur relief affectif à ce que nous vivons. Sa complexité fait que cette conscience intégrée d'un « vivre pleinement » est difficile à définir par des phrases et échappe à une explication rationnelle, trop simple.

Véritable porte ouverte sur le chemin de la guérison, la prise de conscience de notre corporéité, « felt sense » ou pleine conscience, est le point de départ d'une approche somatopsychique centrée sur les processus ascendants, non verbaux ou semi verbaux. Levine le rappelle (p. 77) : c'est cette pleine conscience qui garantit plusieurs aspects importants de notre équilibre intérieur. Elle augmente la coordination des mouvements, le sens de l'équilibre, elle favorise le bien-être, la paix intérieure et le sentiment d'unité retrouvée. Cette conscience particulière augmente également le plaisir de nos expériences sensuelles, accroît la créativité, les performances de la mémoire, les capacités logiques et celles de résolution de problèmes. Pour Levine, c'est véritablement ce « felt sense » qui nous permet de faire « l'expérience de notre 'moi' » (p. 77), car il ouvre notre expérience profonde à cette partie instinctuelle de notre être, celle que la nature a déposée en chaque homme, avec laquelle nous avons tant de mal à nous « connecter », de nos jours. Car en effet, il n'est pas facile d'accéder à cet état de conscience très particulier, si bénéfique pour tout l'organisme, mais totalement absent de la culture occidentale. À l'école vous avez appris à lire, à écrire, à compter, mais personne ne vous a expliqué comment cultiver la pleine conscience somatopsychique, comment pénétrer le « felt sense ».

L'un des effets les plus pernicieux du trauma est de nous couper de cette conscience instinctuelle qui harmonise notre globalité expérientielle. Il s'ensuit que nous perdons la capacité de ressentir quantité de perceptions et d'émotions : nous devenons véritablement coupés de pans entiers de notre intériorité, notre personnalité ébranlée se fissure, puis se fragmente, son unité – comme l'unité de notre environnement extérieur – n'est plus qu'un souvenir. Cette capacité à la conscience unificatrice saura retrouver, dans le même mouvement, la complétude de notre vécu psycho-corporel, le calme intérieur et la confiance renouvelée dans un futur meilleur.

Pour Levine, il est important de comprendre que l'organisme « possède sa propre façon de communiquer » (p. 84). Pour décrire une sensation avec des mots, il utilise ce qu'il connaît, et ce qu'il connaît ce ne sont justement pas des mots. Par conséquent, les sensations sont traduites à l'aide de métaphores : elles sont ressenties « comme si » elles étaient quelque chose d'autre. Une douleur sera ressentie « comme si » un couteau transperçait le corps, le stress sera ressenti « comme si » une boule ou un caillou occupait la gorge… Un couteau, un caillou, bien souvent les métaphores que nous utilisons portent sur des objets familiers, mais ce n'est pas toujours le cas. L'organisme utilise aussi des images qui peuvent être reconstituées sous forme de souvenirs (Levine, p. 85). C'est fréquemment la voie que choisit le corps pour communiquer dans le cas de personnes ayant vécu un traumatisme grave. Directement connectées à un épisode terrifiant dans la vie du patient, ces images « ne seront pas belles à voir » nous prévient Levine. Les réminiscences traumatiques des victimes de viol ou de torture se présentent souvent sous forme visuelle, des années après l'événement. Il ne faudrait pourtant pas systématiquement prendre ces images pour des photographies : elles ne représentent pas forcément des faits réels. En effet l'organisme peut envoyer ce type d'information visuelle sans que les images soient d'authentiques souvenirs, mais pour « faire passer un message ». Les images irréelles seront néanmoins terrifiantes, puisqu'elles sont là pour communiquer la trace somatique d'un ancien traumatisme. Dans tous les cas, les premières étapes de la guérison du trauma ne passera pas par des explications, des récits de souvenirs, des interprétations orales ou écrites, des relations verbales d'aucune sorte. Pire même, ces productions langagières pourront constituer un obstacle et entraver ou retarder les premières lueurs du soulagement. Les portes de la guérison sont d'une autre nature, et se situent sur un plan radicalement différent : elles s'ouvriront dès lors que le patient sera en mesure d'accéder à la pleine conscience de son vécu corporel, au « felt sense » de son expérience somatopsychique intime. Autrement dit, les images qui submergent d'un coup l'attention n'ont de valeur que par la façon dont le patient les ressent et pourra les modifier au cours de son traitement.

Les liens de l'esprit et du corps

Parmi toutes les émotions, il y en a une en particulier qui est véritablement capable d'anéantir la vie : la peur. La plupart de mes patients ressentent des peurs fréquentes, parfois des peurs continuelles qui ne les laissent pas vivre. Ces peurs qui paraissent irrationnelles, comme « décalées », sont déclenchées par des situations que le patient ne comprend pas toujours lui-même. Pourtant, tout comme la douleur, la peur est une émotion utile dans la vie quotidienne... parfois même vitale ! La peur nous incite à éviter un danger qui nous menace soudainement ; la peur nous évoque des souvenirs qui nous permettent d'utiliser nos expériences passées. La peur nous conduit à proposer de l'aide à nos amis ou à nos enfants, pour lesquels nous nous inquiétons régulièrement, elle a donc une composante altruiste qu'on oublie souvent. Ce qui peut devenir pathologique en revanche, c'est la peur exagérée ou infondée, la peur qui n'a pas lieu d'être dans la circonstance, dans le moment, où se trouve le patient... un patient pourtant soudainement tétanisé. La peur a toujours pour propriété de nous figer, de nous immobiliser, d'interrompre notre action et le cours normal de notre pensée. Un travail fondamental, à mon cabinet, est de maintenir mes patients dans l'action, dans l'ici et maintenant, de sorte de les empêcher de sombrer dans des peurs infondées... Car les peurs infondées, quand elles sont chroniques, agissent comme un feedback négatif sur l'état général de santé : elles diminuent les défenses immunitaires, augmentent les risques de maladies, diminuent les chances de guérison du cancer ou de l'infarctus, ainsi que les capacités physiques et à terme, les peurs chroniques diminuent considérablement l'espérance de vie ! en effet la recherche a montré que des patients sans cesse sous pression pendant des années peuvent avoir leur durée de vie diminuée de près de 10 ans. Il n'y a pas de preuve plus nette du pouvoir de l'esprit sur le corps que les effets constatés de la peur chronique sur la santé.

Le pouvoir de l'esprit se manifeste de bien des façons sur notre corps, dans la vie quotidienne. Qui n'a jamais rougi à une plaisanterie mal placée qu'un ami vous fait en pleine assemblée ? Ou à l'idée de devoir adresser la parole à quelqu'un ? Qui n'a pas senti ses mains moites, son front humide, à l'idée d'arriver en retard à un important rendez-vous, à l'idée de rater un examen ou un entretien d'embauche ? Qui n'a pas senti son cœur accélérer à l'idée de manquer un train, de recevoir un appel téléphonique indésirable ? Ces sensations sont généralement anodines et surtout, bien éphémères. Mais il arrive – chez certaines personnes –, qu'elles prennent une intensité particulière et qu'au lieu de disparaître comme elles sont apparues, elles perdurent des heures, des jours, bientôt des semaines entières. Finalement le patient qui arrive en consultation est une personne dévastée, dont la peur s'est littéralement installée dans sa vie, a colonisé tous ses instants. La peur chronique a rendu ces patients des ombres d'eux-mêmes, psychologiquement et médicalement : ils sont dans un état de profonde dépression.

Sagesses traditionnelles : chamanisme et bouddhisme

Nombreuses sont les techniques traditionnelles que l'occident a enfin découvertes et su apprécier à leur juste valeur, et plusieurs d'entre elles ont nourri ma réflexion et ma pratique depuis des années : les pratiques chamaniques, en Inde, en Chine, en Polynésie surtout, mais aussi à Madagascar où j'ai été formé par des maîtres guérisseurs, le yoga et le Qi Gong, le shiatsu, le tai-chi et plusieurs types différents de massages, les techniques de chiropraxie, d'ostéopathie, de méditation, d'acupuncture, toutes sont venues féconder notre pensée et nos approches thérapeutiques plus traditionnelles comme l'hypnose, pour le plus grand bénéfice des patients. La TICE© est une pratique qui appréhende le patient dans sa globalité et dans l'interaction avec son environnement bio-psycho-social. Edgard Morin (1977) soulignait bien la nécessité de réintégrer la complexité de la vie au cœur de nos conceptions trop linéaires, trop simplifiées : l'être humain déploie son existence selon plusieurs dimensions : somatique, affective, rationnelle, imaginative, spirituelle. Comment avons-nous pu croire, si longtemps, que certaines de ces dimensions pouvaient être négligées ? De plus, toutes les activités de l'homme prennent place au sein d'un contexte géographique et régional, culturel, social, familial, professionnel,… il en résulte une complexité fonctionnelle extraordinaire, qui construit aussi la richesse de chaque vie d'un être humain. Mais pour le psychosomaticien, point d'échappatoire : aider ses patients passera nécessairement par la prise en compte de toutes les dimensions de leur existence…

Il est bon de le rappeler : dans bien des domaines, les populations traditionnelles ont de l'avance sur les civilisations occidentales. Les cultures chamaniques d'Inde, d'Océanie et d'Afrique ont reconnu l'existence et l'importance sociétale du traumatisme plusieurs siècles avant nous : elles avaient saisi que le trauma, qui affaiblit un individu, menace aussi toute la communauté car cet équilibre rompu. Le chaman avait pour objectif de rétablir l'équilibre à la fois chez le sujet traumatisé et dans l'ensemble de la communauté : « les membres de ces communautés recherchent la guérison tant pour le groupe que pour eux-mêmes » (Levine p. 67). Dans les sociétés traditionnelles, les guérisseurs attribuent la maladie à ce que le sujet perd le contrôle de son âme : celle-ci lui échappe, laissant le sujet dans le plus grand désarroi. Alors, le guérisseur va avoir pour mission de favoriser le retour de l'âme égarée dans le corps. Les cérémonies, les costumes et les chants, les rituels ancestraux qui encadrent ce moment important de la vie collective, ont pour effet de mobiliser toutes les ressources intimes du malade et d'activer en lui ses forces instinctives de défense : spontanément, ces fêtes traditionnelles aussi belles, qu'impressionnantes, créent les conditions de la guérison. Le shaman voit les esprits et les âmes errantes ; il sait communiquer avec elles et négocier le retour de l'âme perturbée. En invoquant ainsi les puissances spirituelles, le chaman organise un contexte centré autour du soutien, de l'encouragement et de la compréhension du malade. Efficacement aidé dans ce monde comme dans l'autre, le sujet troublé éprouve une grande bouffée d'espoir et de confiance. L'importance de cette cohésion sociale ne doit pas être négligée, au cœur du travail de guérison du trauma, car le chamanisme réalise la profonde interconnexion entre le soutien individuel et la cohésion sociale, lien nécessaire à la guérison du traumatisme. Si nous somme tous responsables de la guérison de nos propres blessures traumatiques, nous devons le faire autant pour nous-mêmes que pour nos proches et le reste de la société.

Les pratiques ancestrales de Madagascar ont beaucoup enrichi mon approche. Au cours de plusieurs longs séjours, j'ai pu comprendre la signification profonde des rituels de guérison de ces thérapeutes traditionnels aussi fins et qu'efficaces. Dans cette société, depuis des siècles le mal est naturellement évacué par le corps : les douleurs, les maladies, les possessions prennent la forme concrète d'un objet, un paquet, une pierre, une plume, dont le thérapeute va aider le patient à se débarrasser concrètement. Ainsi, comme l'indiquait déjà Pierre Janet, c'est l'action du patient qui sera son propre guide vers la guérison, et le traitement est somatique par nature. Il faut observer ces thérapeutes dans leur contexte quotidien pour saisir la subtilité de leur pratique, pour se rendre compte de l'universalité de leurs principes : tous les praticiens occidentaux ne peuvent pas se le permettre. J'ai eu la chance de pouvoir le faire.

Lors d'un de mes séjours, nous étions partis à 5 heures du matin et nous avions fait 50km de piste en 4X4 pour atteindre le dernier village avant la montagne. La petite pause dans cet endroit merveilleusement typique nous avait paru bien courte, et le trajet avait vite repris, la voiture grimpant à flanc de coteau à travers l'étroit passage que laissait la dense végétation tropicale... Heureusement, notre guide connaissait parfaitement le chemin. Tout à fait inconnue des « touristes », la réputation de ce thérapeute dépassait largement le village, et nous nous rendions véritablement dans un haut-lieu de la thérapie locale. Il fallait compter 2 heures de marche pour y accéder à pied depuis le village, et quand nous sommes arrivés à 7 heures du matin, plus d'une dizaine de personnes attendaient déjà ! Elles venaient de toute la province, certaines avec des enfants en bas âge ou des parents âgés. Le thérapeute officiait dans une grande maison en bois, isolée dans la montagne au milieu d'une petite clairière. Mes amis locaux m'avaient introduit auprès de cette éminente personnalité locale, et j'ai pu observer, de l'intérieur, tous les détails de son approche.

À Madagascar comme dans bien d'autres cultures traditionnelles, le patient cherche toujours à se débarrasser de quelque chose de concret, qui transitera par le corps et l'action : il s'agit d'un objet matériel qu'il a apporté avec lui, ou de vœux regroupés métaphoriquement en une sorte de « paquet des vœux » qui va pouvoir s'échanger entre deux personnes. Le paquet des vœux peut contenir des maux physiques comme des verrues, des boutons, de l'eczéma, des douleurs, des troubles de la motricité ou de la sensitivité... il peut aussi contenir des espoirs, comme celui d'épouser l'élu(e) de son cœur, ou inversement des craintes, des peurs, comme celle d'avoir un enfant malade. Le paquet peut aussi contenir des sortilèges, des sorts bons ou mauvais... enfin, toutes ces choses redoutées ou espérées peuvent être symbolisées par un objet matériel : un vêtement, une branche d'arbre, un os d'animal, une dent ; la maladie de l'enfant peut être symbolisée par une mèche de ses cheveux, l'espoir de se marier par un prénom tracé sur une feuille de baobab, la douleur au dos par une feuille piquante de cactus...

L'objet symbolique, comme le contenu du paquet des vœux, peut concerner n'importe quelle personne, pas seulement celle qui vient consulter. Les douleurs peuvent être celles de la personne qui se déplace, elles peuvent aussi bien être celles de son fils, de son voisin, de son ami... ou de son ennemi. Il en est de même des espoirs et des craintes. En vérité, le paquet des vœux n'a pas besoin de son propriétaire pour être efficace, c'est le thérapeute qui doit l'être ! Du fait que les vœux ressemblent à un paquet, ou sont matérialisés par un objet symbolique, la séance est une transaction : le paquet va passer de la personne qui s'est déplacée aux mains du thérapeute. Le processus de guérison est étroitement associé aux mouvements du patient, à ce que son corps va exprimer dans l'interaction avec le Paquet de vœux aussi bien qu'avec le thérapeute. Deux types d'approches traditionnelles se dégagent selon que le thérapeute est actif ou passif lors de cette transaction. Dans l'approche où le thérapeute est passif, la séance va consister à ce que le consultant donne lui-même son paquet au thérapeute. Dans l'approche où le thérapeute est actif, la séance est une mise en condition de sorte que le thérapeute puisse aller prendre son paquet au consultant. Dans tous les cas, comme les vœux prennent la forme concrète d'un objet d'échange, la séance s'appuie nécessairement sur un travail corporel... une véritable approche « bottom-up » qu'aucun théoricien ne s'est pourtant flatté d'avoir formulé !

Un rituel inaugure toujours les séances. Ce rituel a pour but de mettre le consultant et le thérapeute dans les dispositions appropriées à l'échange somato-symbolique qui va avoir lieu. Dans la maison du thérapeute, le traitement se déroule au centre de la pièce, à même le sol en bois. Il faut dire des poèmes ou des chansons, parfois de simples mots, ou effectuer quelques gestes ou de courtes danses. Ensuite le thérapeute ou le consultant entrent dans un état de conscience modifié, une transe légère et naturelle, sans aide de substances psychoactives : ici, le langage du corps se suffit à lui-même, il est à la fois le contenu et le contenant, à la fois le véhicule et le but de la guérison. Il a fallu près de 2.000 ans à nos sociétés occidentales pour redécouvrir ces principes simples et essentiels, ces lois universelles qui de tous temps avaient soulagé les patients. La pratique de la TICE© que j'ai développée à mon retour de Madagascar est profondément ancrée dans cette sagesse millénaire : en rassemblant les parties dissociées de la personnalité du malade, en reconstruisant l'unité perdue du sujet troublé, le travail du corps et par le corps est, véritablement, la clé de voute de la guérison.

La science indienne et la science chinoise l'avaient expliqué depuis des siècles : d'après la sagesse bouddhiste nous avons tous, en nous-mêmes, les ressources intérieures pour transformer nos faiblesses en forces, nos peines en joies et nos limites en potentiels. Mais en occident, la « psychologie positive » est un domaine récent de l'investigation psychologique : au $19^{\text{ème}}$ siècle, c'est la pathologie – donc une forme de « psychologie négative » – qui mobilisait tous les efforts. Il est important de pouvoir aider les patients souffrant d'une pathologie psychologique, il n'y a pas de raison, pourtant, de négliger l'étude des émotions positives, de la joie de vivre, du bonheur régulier, car ces attitudes nous en apprennent long sur le fonctionnement de l'esprit humain ! En effet, l'optimisme est l'un des facteurs les plus puissants que nous connaissions pour maintenir notre santé !

Selon l'approche bouddhiste, l'esprit est affaibli par trois « poisons » qui altèrent ses pouvoirs : l'envie, la colère et l'ignorance. Ces poisons ont pour effet de nous masquer la vérité, et de nous faire voir le monde d'une manière déformée. À cause de ces poisons, nous ne percevons pas la réalité telle qu'elle est. Ceci entraîne nos souffrances dans une spirale de causalité malsaine : notre ignorance et les erreurs qu'elle amène à sa suite nous conduisent à développer notre avidité pour les biens matériels et à éprouver de l'envie pour les personnes qui en ont plus que nous. Comme ces sentiments inadaptés ne changent pas la réalité, nous en venons à éprouver de la colère, voire de la haine pour des personnes qui ne nous ont jamais nuit en rien. Pour Bouddha, le désir de ce que nous ne possédons pas, l'envie et la jalousie pour ce que possèdent les autres sont les principales causes de notre souffrance et de notre enfermement spirituel. Nous sommes tous capables d'atteindre la plénitude de notre être, le « nirvana », pour autant que nous sachions nous extraire de cette spirale d'enfermement, renoncer à l'ignorance, combattre l'illusion et finalement rechercher la vérité et la lumière pour nous en laisser inonder. À ce moment, les trois poisons seront métamorphosés en élixir : l'envie aura fait place à l'empathie, la colère à l'altruisme et l'ignorance au savoir. Bien que les mots choisis ne soient pas exactement les mêmes, ces processus de feedback positifs et ces états mentaux énergétiques et énergisants sont bel et bien au cœur des préoccupations de la recherche en psychologie positive, depuis quelques années.

Car comme le bouddhisme, la psychologie positive a bien compris que nos ressources sont en nous-mêmes, et que nous sommes tous investis d'une énergie fabuleuse dont nous n'avons généralement pas assez conscience. Comme le bouddhisme, la psychologie positive a découvert que nous devrions tous apprendre à mieux reconnaître et à mieux exploiter cette formidable puissance qui gît au plus profond de nous-mêmes : parvenir à cet objectif est donc l'axe central de toute thérapie somatopsychique sérieuse ! Pour ce faire, il faudra tout d'abord travailler sur des peurs diffuses, des colères « rentrées », des habitudes pénalisantes ou dangereuses, des comportements dérégulés ; il faudra réapprendre à envisager le futur, à y dessiner des projets, à reconnecter ces parties de soi à des buts raisonnables qui pourront réellement être atteints... un parcours parfois semé d'embûches où le thérapeute joue le rôle d'un guide, mais dans le langage bouddhique, la lumière et la délivrance sont à ce prix !

Oui. Mais à condition de ne pas nous égarer en chemin : quelques malentendus sur le fonctionnement de la mémoire sont parfois des sources d'échec thérapeutique. Rappelons-donc quelques vérités... toujours bonnes à dire !

Le problème de la mémoire

On ne le répètera jamais assez : la mémoire d'un traumatisme ne fonctionne pas comme la mémoire des événements ordinaires. Les événements ordinaires, et même les événements particuliers, éprouvants ou agréables, sont généralement codés dans la mémoire sémantique : ces événements construisent en nous des souvenirs verbaux, c'est-à-dire des récits à base de mots, de phrases ou d'autres expressions verbales. Il en est bien différemment de souvenirs traumatiques ; ceux-ci échappent parfois au contrôle verbal et sont enregistrés en dehors de tout cadre sémantique : c'est le corps qui les mémorise directement ! du fait que ces souvenirs ne sont pas verbaux et ne peuvent être codés à l'aide de mots, leur « comportement » peut apparaître comme étant chaotique, et très difficile à administrer par les sujets concernés. Des souvenirs enfouis dans le corps peuvent se manifester de façon inattendue, faire irruption dans la vie aux moments les plus inappropriés. Et surtout, les souvenirs traumatiques ne se manifestent pas à la conscience en tant que souvenirs, mais en tant que symptômes, et symptômes plutôt étranges... L'irruption d'un souvenir traumatique peut s'exprimer par une soudaine douleur, par une attaque de panique, par des voix, des bruits ou des images sans réalité dans le présent. Ces phénomènes étranges et inquiétants ont été découverts par le psychologue Pierre Janet à la fin du 19ème siècle.

Quand un souvenir traumatique fait irruption dans la vie, c'est le corps tout entier qui en exprime les manifestations. De nombreuses recherches cliniques ont démontré qu'au moment où le trauma ressurgit, le rythme cardiaque accélère, la pression artérielle augmente, la sueur fait son apparition sur le front et les mains qui deviennent moites, les muscles du mouvement commencent à se contracter, tels ceux des cuisses, des mollets, les muscles abdominaux, ceux de l'avant bras ayant parfois pour conséquence de fermer le poing sans intention délibérée du sujet. Si on effectue alors des mesures biologiques, on s'aperçoit que ces sujets ont soudainement un taux trop élevé de cortisol et d'adrénaline... Au moment où le souvenir traumatique se manifeste par le corps, c'est l'agression originale qui réapparaît et tout notre organisme se prépare à se protéger, à fuir ou à attaquer, comme si le temps de l'agression était revenu tel qu'au premier jour.

Ces messages somatopsychiques et leur contenu émotionnel ne peuvent être contrôlés volontairement par l'intellect, car ils empruntent des voies nerveuses somatiques et sous-corticales qui ne sont pas directement reliées au cortex cérébral : inutile de vous dire que vous pourrez « maîtriser » ces irruptions intempestives par la seule force de votre concentration, ou par votre capacité extraordinaire à intellectualiser les situations les plus complexes... en fait, pendant la crise, les sujets ne prennent tout simplement pas conscience d'être en train de vivre une réminiscence traumatique ! Véritablement renvoyés à un temps plus ou moins lointain, leur crise est un authentique voyage dans le passé, dans leur passé intime. Ils sont soudainement projetés en dehors de « l'ici et maintenant » qui construit notre présent socialement partagé : les voilà, dans une effroyable solitude, plongés une nouvelle fois au cœur des scènes qu'ils pensaient ne plus jamais revoir de leur vie, et à propos desquelles ils donneraient tout pour ne plus jamais les revivre...

Parfois de petits gestes trahissent des souvenirs traumatiques ou des émotions inconscientes. Des attitudes, des façons de se tenir assis, de marcher, peuvent indiquer des états émotionnels profonds que le patient lui-même ne soupçonne pas. Inversement, le pouvoir du corps sur l'esprit est si puissant que modifier les positions de son corps peut induire de puissantes émotions, ou des images, des représentations, des souvenirs. Apprendre de nouvelles postures, corriger de petits défauts de maintien, redresser son dos ou étendre largement ses bras, tous ceci peut entraîner de profondes répercussions sur la sphère psychologique intime et sur la façon dont nous percevons notre moi : des sentiments de confiance, d'espoir, de force, d'estime de soi ou des autres, de bonne humeur, peuvent être mobilisés par l'ajustement d'une position corporelle, à la plus grande surprise du patient. Il en jaillit parfois un intense soulagement et une amélioration généralisée de l'état somatopsychique global : ainsi, des approches corporelles mobilisent des ressources que nous avons tous au fond de nous-mêmes, que nous le sachions ou que nous l'ignorions, et que nous l'acceptions ou non. Ces ressources peuvent libérer une intense énergie au service de notre bien-être, pour peu qu'elles soient proprement canalisées.

Bien souvent, les patients qui relatent leurs échecs thérapeutiques antérieurs ont rencontré des problèmes pour gérer leur mémoire lors de la cure. Il faut savoir que les souvenirs traumatiques ne sont pas des souvenirs verbaux : ils ne peuvent pas être exprimés par des mots, ni racontés. C'est pourquoi tenter avec insistance à retrouver des souvenirs traumatiques, chercher à les relater à son thérapeute est un exercice inutile la plupart du temps, et même souvent, dangereux. D'habitude, les souvenirs traumatiques ne feront pas émergence lors de la cure, mais s'il arrivait qu'ils émergent, ce moment pourrait présenter des risques pour le patient : un flot d'émotions délétères comme la terreur ou l'angoisse-panique pourrait le submerger, et comme Levine l'avait déjà expliqué, il est possible que cette « catharsis enfonce la personne dans le vortex traumatique » (p. 198). Inutile de dire qu'un tel épisode ne contribue en rien à une cure réussie ! Bien au contraire, ramener de tels souvenirs à la mémoire pourra considérablement retarder la guérison... Ces erreurs de méthodologie sont souvent dues à une certaine méconnaissance des processus de fonctionnement de la mémoire humaine.

En particulier nous avons tendance à considérer que la mémoire est une fidèle reproduction du passé. En réalité, une des principales limites à cette croyance est que la mémoire ne sélectionne qu'une toute petite partie de ce que nous vivons : par nature la mémoire fait un tri, et par nature donc tous nos souvenirs sont lacunaires, il leur manquera des tas de facettes, des tas de détails. De plus en raison de ce tri effectué à la racine même de notre expérience sensible, tout le monde n'aura pas les mêmes souvenirs du même événement : nous retiendrons préférentiellement les aspects auxquels nous sommes plus réceptifs. Par exemple les musiciens mémorisent mieux la musique, les peintres mémorisent mieux les couleurs, etc... De plus, l'encodage des événements en mémoire dépend largement de l'état dans lequel se trouve l'individu : nous n'encodons pas l'information de la même façon au réveil le matin ou l'après-midi, si nous sommes malades ou si nous sommes en pleine forme, si nous sommes soucieux ou si nous sommes sereins... Levine l'avait expliqué : « selon l'état dans lequel il se trouve, l'esprit sélectionne des couleurs, des images, des sons, des odeurs, des interprétations, des réponses de même niveau d'activation et de même tonalité émotionnelle ». Le souvenir qui est construit à un moment de la journée, ou un certain jour, pourra être totalement différent de celui – du même événement – construit simplement à un autre moment ou un autre jour.

La mémoire est donc déjà une interprétation imparfaite de ce que nous vivons, mais elle présente d'autres particularités encore. En effet, dans bien des cas, nos souvenirs sont entachés de confusions, voire de pures inventions. Ce que la recherche en psychologie a démontré depuis bien longtemps déjà, c'est que tout souvenir est une reconstruction du passé : nous ne fonctionnons pas à la manière d'un caméscope, enregistrant passivement les sons et les images, les restituant avec fidélité à la simple pression d'un bouton ! Le moindre récit d'un souvenir, même le plus banal, a été reconstruit par l'esprit pour faire l'objet d'une verbalisation : tout souvenir verbal est une « fabrication maison », une interprétation des événements du passé, interprétation qui peut être plus ou moins exacte. Comme l'explique clairement Levine, il ne serait pas exagéré de considérer qu'il existe une véritable « antithèse entre créativité et mémoire statique » ! (p. 198). De plus, comme les souvenirs sont reconstruits pour les besoins du récit, il pourra arriver que la mémoire reconstitue un seul souvenir à partir de plusieurs événements du passé. Parfois ces événements pourront être séparés de plusieurs années : c'est ainsi que certains de mes patients « se souviennent » de leurs premiers pas et des pensées qui leur sont venues en même temps… alors que statistiquement les enfants marchent environ 18 mois avant de pouvoir concevoir une seule phrase simple ! ce type de témoignage n'est pas

« faux » en soi, c'est juste qu'il est fait d'un assemblage de deux souvenirs distincts espacés de plusieurs mois, et que dans la réalité, les deux événements (bébé marche, et le petit garçon se souvient) n'ont pas été simultanés. Une véritable mosaïque qui pourra comporter des dizaines de pièces fragmentées, particulièrement si les bribes de souvenirs sont effrayants ou émotionnellement difficiles à supporter.

Tous les défauts de l'encodage et de la restitution des souvenirs n'empêchent pas que bien souvent, nos souvenirs nous semblent extrêmement réels. Dans bien des cas nous serions prêts à jurer que les choses se sont bien passées telles que nous les relatons, telles que nous les « revoyons » dans notre tête... et pourtant ! Des recherches cliniques auprès de témoins dans le cadre judiciaire ont démontré qu'être tout à fait certain de ses souvenirs n'est pas une garantie de leur exactitude ! Autrement dit, nous pouvons être peu sûr d'un souvenir parfaitement exact, alors que nous pouvons être absolument certain d'un souvenir qui, en réalité, s'avère faux ou très distordu. Quelle est donc la cause d'une telle différence ? Souvent, les souvenirs qui nous semblent certains sont ceux qui ont été formés pendant un moment émotionnellement fort. Rien de tel qu'une émotion forte pour fixer la mémoire : « le réalisme d'une image antérieure est renforcé par l'intensité de l'activation qui lui est associée » (Levine, p. 201). En règle générale, le ressenti émotionnel joue un rôle important dans le processus d'encodage des souvenirs. Des événements, des situations, des détails qui laissent dans une totale indifférence seront difficilement mémorisés. Par contraste, des événements qui représentent une intense menace, qui mettent la vie en danger, seront mémorisés précisément, sous forme de sensations, de perceptions, ou plus généralement d'images.

La mémorisation sous forme d'images présente un important avantage évolutif pour les espèces, car une image contient un très grand nombre d'informations codées en peu de place et de façon simple. Pensez aux photos numériques : quelles que soient leur couleur, leur contraste, leur originalité, leur force, il suffit de deux chiffres pour les coder entièrement (les fameux « bits » de l'informatique, à savoir le 1 et le 0). Une fois codées dans la mémoire, les images sont classées selon le degré émotionnel qui prévalait au moment de leur formation. Pour rendre compte de ce phénomène, Levine utilise la métaphore d'une bibliothèque à plusieurs étagères. Les étagères du bas contiennent les livres sans contenu émotionnel, et la charge en émotion augmente à mesure que les étagères sont hautes. Les étagères du haut de la bibliothèque contiennent des livres fortement chargés d'émotion. Beaucoup de nos réactions possibles à des dangers sont déjà codées de cette façon dans la mémoire, sous forme d'images. En présence d'un danger, pas question de commencer une longue réflexion pour étudier les réponses possibles ! Devant une menace imminente, l'individu risque sa vie s'il hésite sur la façon de se comporter, s'il prend le temps de raisonner sur la conduite à tenir. Au lieu de cela, dans l'urgence, nous allons mobiliser des images de réactions que nous avons déjà eues en pareille circonstance : nous allons utiliser notre mémoire plus que notre réflexion.

Au moment où nous avons besoin d'un souvenir, notre mémoire effectue une recherche dans le classement par degré d'émotion. Si nous sommes calmes nous cherchons dans les souvenirs calmes, si la situation est dangereuse et urgente, nous cherchons des souvenirs fortement émotionnels. À ce moment la mémoire effectue une sélection en fonction de la pertinence du contexte, et la réaction peut alors avoir lieu. Si l'organisme a répondu de façon adaptée, le processus réactionnel s'achève ; mais si la réaction n'a pas été adaptée, alors elle n'a pas pu s'achever : en contexte de risques, un traumatisme peut s'ensuivre, car une réaction qui n'est pas terminée cherche toujours à se compléter sans que l'individu en prenne conscience. Les souvenirs erronés peuvent survenir si une image se trouve associée à une forte émotion par hasard. Martine, par exemple, avait appris le décès de son mari par un appel de la police sur son téléphone mobile, alors qu'elle marchait dans la rue. Au moment de la terrible nouvelle, elle regardait par hasard un taxi bleu en train de prendre un client. Des mois plus tard, dans ma consultation, elle raconte qu'elle a été prévenue par le taxi qui avait transporté son mari peu avant... La formation de ces faux souvenirs combine toujours une scène vécue à une activation émotionnelle intense, mais sans rapport à l'image. Pourtant, les souvenirs ainsi fabriqués donnent une vive impression de vérité plusieurs mois après l'événement : « ce souvenir sera souvent considéré comme le reflet exact de ce qui s'est passé » (Levine, p. 203). Nous autres thérapeutes, nous devons être très attentifs, pendant une thérapie, à ne pas enclencher ce mécanisme d'association image / émotion, de sorte de ne pas créer de faux souvenirs aux patients. D'autant plus qu'ensuite, ces souvenirs construits de toutes pièces peuvent être particulièrement difficiles à neutraliser, et prendre un temps précieux de la thérapie qui, autrement, aurait été consacré aux réels traumatismes !

Les dangers de la mémoire, sa fiabilité sujette à caution, son peu de fidélité, sont encore des arguments en faveur de l'approche somatopsychique T.I.C.E.© de la thérapie, aussi bien pour les personnes traumatisées que simplement soucieuses. Seule une méthode semi-verbale ou non verbale permet d'éviter les pièges de la mémoire, les faux souvenirs qui paraissent si réels. Les patients qui acceptent de renoncer à chercher la vérité au fond de leur mémoire se mettent dans un état d'esprit bien plus favorable à la guérison. La vérité précise des événements importe peu – et apporte peu – au processus thérapeutique, car le vécu des patients passe avant tout par la sphère somatopsychique : « lorsque nous ne cherchons pas à établir une vérité absolue, nous restons disponibles pour vivre la guérison totale » (Levine, p. 203). Dans bien des cas, il faut adopter une attitude contraire, et considérer que les souvenirs peuvent bien être un peu distordus, sans préjudice pour le processus de mieux-être. Il vaut mieux rester dans un léger doute sur la véracité des images qui apparaissent, que de s'accrocher à une certitude d'avoir vécu tel événement au détail près. Quand un souvenir est imprécis, c'est qu'il s'est intégré à d'autres parties de l'expérience du sujet pour former un complexe de ressentis variés. L'expérience est souvent fragmentée par la mémoire et restituée sous la forme d'une mosaïque aux milles couleurs, dont chaque pièce provient d'un événement différent. Pourtant, l'ensemble donne l'impression d'un tout unifié et cohérent.

Cette mosaïque de souvenirs reconstitués peut susciter l'illusion d'une unité réelle des pièces assemblées, au-delà des apparences : le patient devient persuadé d'avoir vécu tel événement simultanément à un autre, alors qu'en réalité les deux événements ont été vécus à des moments différents et se sont « télescopés » dans la mémoire. Dans ce type de reconstitution en mosaïque, les seuls souvenirs qui peuvent éventuellement être parfaitement exacts sont les toutes petites pièces qui constituent la mosaïque une fois assemblées. Seuls de petits détails, des extraits du grand ensemble, révèlent (peut-être) une information véridique sur le passé, comme la couleur d'un manteau, la forme et la taille d'une voiture, un bruit de rue, une parole entendue... à partir de faits réels, la mémoire peut aussi ajouter des pièces imaginaires pour reconstituer un ensemble complet, un « souvenir » logique et convainquant. La mosaïque de mémoire prend alors la nature d'un véritable patchwork de vrai et de faux inextricablement liés ; il n'est généralement pas possible de savoir quelles pièces ont été réellement vécues (ni quand et dans quelles circonstances), et quelles autres ont été ajoutées pour compléter la cohérence du souvenir. En fait, considérée dans son ensemble, la véracité historique de la mosaïque reconstituée importe peu car la guérison, comme le mieux-être, se noue au niveau du corps bien plus qu'au niveau purement intellectuel.

Un grand nombre de personnes ont du mal à admettre que notre mémoire ne fonctionne pas comme un caméscope enregistrant avec précision les images et les sons. Certains patients chérissent leurs souvenirs et ne seraient absolument pas disposés à croire qu'ils puissent receler la moindre erreur. Pour certaines personnes, les souvenirs sont ce qu'ils considèrent de plus beau dans leur vie... Pourtant, vénérer des souvenirs à ce point peut s'avérer pénalisant. Quand les souvenirs sont aussi rigides, ils limitent l'horizon ; un souvenir n'est qu'une version possible d'un événement passé, une interprétation ; sacraliser un souvenir, c'est se fermer à toutes les autres interprétations qu'il est possible de donner du même événement. Dans le cas d'un traumatisme, les patients se heurtent à la même version d'un souvenir totalement figé qui les obsède et les contraint à revivre perpétuellement la même chose. Qu'ils soient vrais ou déformés, les souvenirs sont à considérer avec distance et, comme le rappelle Levine, « il est prudent de 'relativiser' ces souvenirs et de ne pas nous sentir obligés de les accepter comme une vérité absolue » (p. 203).

De ce fait, toute thérapie doit être extrêmement vigilante à propos de la fabrication des faux souvenirs. En faisant revivre au patient des événements très émotionnels, le thérapeute prend le risque de le mettre dans un état d'activation intense ; or, cet état d'activation intense favorise l'association entre les vrais souvenirs et des ressentis sans rapport au souvenir, mais qui lui coïncident sur le plan émotionnel. Un état affectif tend à rappeler en mémoire un état affectif de même nature, il est donc important de savoir bien distinguer si les souvenirs qui apparaissent pendant une thérapie sont liés ou non à une activation émotionnelle induite par le praticien. Des précautions d'autant plus nécessaires que bien souvent, un souvenir qui survient pendant une activation induite prend une apparence si vraie qu'il semble être la cause même du trauma. Il s'ensuit alors une spirale de d'autopersuasion au cours de laquelle le patient aura une conviction de plus en plus forte d'avoir enfin trouvé la cause réelle de ses souffrances, ce qui peut retarder d'autant le processus de guérison.

Vers la guérison : les émotions positives

Les émotions positives telles que la bonne humeur, la joie, la satisfaction, l'estime de soi et des autres, ont des répercussions puissantes sur les sphères cognitive, sociale et somatique. L'humeur positive renforce les capacités de résolution de problème, incite à ne pas se focaliser sur de petits détails, et à considérer les situations dans leur globalité. Une attitude positive favorise l'invention et la créativité, et avec elles un développement personnel harmonieux et satisfaisant. D'ailleurs les émotions positives améliorent les relations à autrui, les rendent plus satisfaisantes et plus durables. Des recherches ont montré que, globalement, les émotions positives sont mieux gérées par l'hémisphère gauche, et les négatives par l'hémisphère droit.

La joie amène la joie : c'est ce que démontrent toutes les recherches cliniques. Le meilleur moyen d'adopter une attitude positive est donc de cultiver activement les pensées, les images, les sensations et les émotions positives. S'ouvrir à soi et à autrui, s'accepter tel qu'on est et accepter les autres, aller à leur rencontre, partager des moments de convivialité, voilà ce qu'il ne faudra pas négliger sur le chemin du mieux-être. Des recherches ont montré que les personnes cultivant ce type d'attitude positive, développent statistiquement plus de confiance en soi, plus de créativité et d'intelligence, et parviennent à résoudre plus facilement les problèmes qu'ils rencontrent dans leur vie quotidienne. De plus, ces personnes se lient facilement aux autres et se font aisément des amis, lesquels en retour sont disponibles pour les aider en cas de coup dur. Une attitude positive favorise donc indirectement la capacité de soutien social que votre entourage peut vous apporter si vous avez besoin d'aide ! Vraiment, on ne prête qu'aux riches : plus vous êtes déjà positif, plus vos amis vous soutiennent ! Mais contrairement à la fortune, cette richesse-là est en nous-mêmes et nous pouvons tous la faire fructifier...

Le savez-vous ? Le simple fait de rire modifie profondément la physiologie de notre fonctionnement somatique ! De très sérieuses recherches ont été effectuées dans de nombreux laboratoires pour mesurer les effets organiques du rire. Pour ce faire, on analyse les paramètres médicaux d'une personne ayant « subi » un test un peu particulier : on leur passe un film comique ! Les analyses montrent que la tension artérielle est réduite, diminuant d'autant le risque d'accident vasculaire, que le système immunitaire est renforcé et produit plus de globules blancs, diminuant d'autant le risque d'infections, soulageant temporairement les allergies et les inflammations. Qui l'eut cru ? Faut-il pour autant exiger le remboursement des films comiques par la Sécurité Sociale ? Non, car n'oublions pas que le rire est avant tout une pratique sociale, dont les bénéfices s'exhalent dans les meilleures conditions si vous riez avec vos proches, vos amis.

L'optimisme est un des piliers de la « psychologie positive », et c'est ce que nous devrions tous chercher à développer en nous. Le sens de la vie, le sens des événements agréables ou désagréables que nous vivons quotidiennement, n'est pas toujours donné à l'avance : dans bien des cas le sens de ce qui nous arrive nous apparaît à la lumière de nos expériences passées, de nos projets, de notre situation actuelle. Trouver un nouvel emploi n'a pas le même sens pour un cadre supérieur au milieu d'une brillante carrière, que pour un jeune diplômé n'ayant jamais travaillé avant, ou pour une personne qui sort de prison après des années d'incarcération, pour une personne convalescente qui retourne à l'emploi après avoir vaincu son cancer. Le sens d'un événement dépend de notre biographie, de nos attentes. Les personnes optimistes attribuent aux événements de la vie un sens qui a tendance à les réconforter, à les aider à surmonter un moment difficile. Donner un sens positif à la vie est un facteur important pour le maintien et le développement de notre santé somatopsychique, car des pensées positives interagissent directement avec notre système nerveux, notre immunité et nos sécrétions hormonales. Le cerveau commence tout d'abord par libérer de la dopamine, un neuromédiateur aux effets anti-dépressifs. De ce fait, l'activité du circuit neuronal impliquant l'amygdale est atténuée, ce qui a pour effet immédiat de diminuer l'angoisse, la peur. À ce moment, la réaction de stress n'a plus lieu d'être et commence à s'estomper ; les glandes surrénales se mettent en veille, le cortisol n'est plus libéré en excès, et commence à se faire dégrader par le métabolisme. Il s'ensuit que les douleurs, les inflammations, les contractures et les crampes sont rapidement atténuées et le patient se trouve de plus en plus relaxé. Sa pression artérielle et son rythme cardiaque diminuent ; sans qu'il s'en rende compte, son immunité est également renforcée. Cet état fait boule de neige : un feedback positif informe le cerveau de cette cascade de renforcements favorables, et tout le processus s'accentue : il se libère encore plus de dopamine, l'amygdale et les glandes surrénales sont encore plus court-circuitées.

Toutes les recherches cliniques le démontrent depuis longtemps : l'efficacité d'un traitement médical est toujours significativement améliorée si le patient bénéficie – en même temps – d'écoute au sein d'un groupe de parole, même pour des pathologies lourdes comme le cancer, ou après un infarctus. L'annonce d'une grave maladie est en soi une difficile épreuve de la vie, une source assurée de détresse et d'angoisse, de quête de soutien. Ensuite, les traitements ajoutent encore à la difficulté de la situation. Le bouleversement de la vie que cause une hospitalisation, les contraintes de la vie hospitalière, ses rythmes tout à fait particuliers, et surtout les effets secondaires des traitements, peuvent être très pénibles pour les patients, des patients déjà affaiblis par les effets intrinsèques de leur maladie. C'est au moment où ils sont les plus faibles qu'ils doivent devenir les plus forts, qu'ils doivent tout surmonter à la fois ! Une fois de plus, l'individu est enferré dans une double contrainte impossible à solutionner. Impossible, pas tout à fait : au sein d'un groupe de parole, la patient ressent un soutien et peut exprimer ses émotions ; il a l'expérience d'être respecté, écouté et compris. En un mot, ce type de séances collectives contribue à aider les patients à développer des pensées positives et à renforcer leur espoir. L'augmentation de leur optimisme et de leur qualité de vie se traduit immédiatement dans leur corps, où les analyses biologiques révèlent une nette augmentation des défenses immunitaires, et une baisse de leur tension. Il n'y a pas longtemps que ces interaction corps-esprit sont reconnues par la médecine… et il y aura encore peut-être un certain temps avant que tous les médecins y soient formés et qu'ils en acceptent les règles… Pourquoi ces groupes de parole sont-ils si efficaces ? C'est parce qu'ils mobilisent, sans le formuler clairement, les lois de notre fonctionnement somatopsychique, et déclenchent chez le patient un feedback positif sur les liens les plus fins du tissage corps-esprit.

CHAPITRE IV

La T.I.C.E : une approche somatopsychique ascendante

Le mythe de la division corps – esprit

Longtemps la psychothérapie a négligé le corps, parce qu'on ne comprenait pas les liens du corps à l'esprit. Nous sommes habitués à considérer le monde comme un assemblage d'éléments simples, indépendants les uns des autres. Dans cette perspective, un philosophe a joué un rôle particulièrement important dans l'histoire de la pensée : René Descartes. Pour lui, il existe deux substances irréductibles l'une à l'autre, la pensée et la matière. L'être humain procède des deux : par son âme il connaît la pensée, par son corps il partage le sort de la matière. Avec Descartes, même l'être humain devient un assemblage de parties distinctes, un peu à l'image des automates de Vaucanson, au siècle suivant, auquel il ne manquerait que l'âme... Mais attention ! Pour Descartes, il n'existe aucune communication entre le corps et la pensée ! Aussi étonnant que ceci puisse nous apparaître aujourd'hui, Descartes sépare tellement les deux « substances » de sa métaphysique, que la pensée est incapable d'influencer le corps, et que le corps ne peut avoir le moindre effet sur la pensée… la philosophie cartésienne a eu un immense succès : il a fallu quatre siècles à l'occident pour se départir de ces erreurs et ouvrir enfin les yeux. Sur ce trajet semé d'embûches, nous rencontrons d'abord un psychophysiologiste de génie… et de Russie !

Pavlov : précurseur de l'approche somatopsychique

Comment la peur peut-elle dévaster ainsi la vie de si nombreuses personnes ? Un élément de la réponse fut apporté par les découvertes du célèbre physiologiste russe Ivan Pavlov. Diplômé de chimie et de physiologie à l'Université de Saint Petersbourg, où il obtient son doctorat en 1879, Ivan Pavlov se passionne d'emblée pour la digestion et la circulation du sang. Ses travaux n'allèrent pas tarder à lui valoir un avantageux poste de Professeur de Physiologie à l'Académie Impériale de Médecine, et surtout… à le rendre célèbre dans le monde entier !

Il fait des expériences pour mieux comprendre les processus de la digestion chez le chien, plus particulièrement l'interaction entre la salivation et la réaction de l'estomac. Il découvre que les deux processus sont étroitement liés par des réflexes : si la salivation ne se produit pas, l'estomac ne reçoit pas l'information de mettre la digestion en route. Pavlov entreprend de savoir si ce réflexe peut être modifié par une donnée tout à fait extérieure à ce fonctionnement, un stimulus externe. Il note que les chiens, d'ordinaire, ne salivent que lorsqu'ils aperçoivent leur nourriture et commencent à la manger. Maintenant, il fait sonner une cloche à chaque fois qu'il apporte de la nourriture aux chiens. Au bout d'un certain temps d'habituation, il fait résonner la cloche sans apporter de nourriture au même moment : il remarque alors que les chiens salivent au simple bruit de la cloche ! Il publie ces résultats en 1903 en baptisant cet effet un « réflexe conditionnel », par opposition aux réflexes naturels tels que celui de reculer la main quand on se brûle. Un réflexe conditionnel est plus complexe car il est le résultat d'un apprentissage de type « conditionnement ». Cet apprentissage a créé un nouveau réflexe qui n'existait pas auparavant, par association entre un stimulus et une réponse émotionnelle, cognitive ou comportementale. Pavlov montre également que le réflexe conditionnel peut finir par disparaître de lui-même, si le stimulus reste sans effet pendant un temps assez long : quand le son de la cloche n'est plus suivi par l'arrivée de la nourriture, au bout de quelques jours les chiens cessent de saliver quand ils l'entendent. Pavlov ne s'intéressait pas beaucoup à la psychologie, pourtant c'est lui qui remarque dès le début que des réflexes conditionnels pourraient bien expliquer en partie le comportement de patients psychiatriques. Il observe que des patients qui se retirent totalement du monde et fuient tout contact social, pourraient être victime du réflexe conditionnel d'associer tout stimulus social à une menace ou à un danger. Juste récompense de travaux si importants et novateurs, Ivan Pavlov recevra le Prix Nobel de Physiologie en 1904.

Ces expériences qui sont devenues, aujourd'hui, des « classiques » de la science, mettaient pour la première fois en évidence l'une des plus importantes découvertes de l'histoire : le couplage étroit liant indissolublement psychisme, système nerveux et système immunitaire. Ces relations de symbiose entre les trois grands systèmes de notre organisme étaient loin de paraître évidentes au moment de leur découverte, et malheureusement restent encore aujourd'hui bien trop méconnues, et sous-estimées.

La dissociation Structurelle de la Personnalité (DSP)

La dissociation est le concept clé de la psychothérapie moderne. Elle est connue des cultures traditionnelles, elle est de plus en plus utilisée à l'échelle internationale. Les lecteurs français seront probablement intéressés de savoir que la notion actuelle de dissociation et de trouble dissociatif émanent directement des travaux pionniers du grand psychologue Pierre Janet (né en 1859 à Bourg la Reine – mort en 1947 à Paris). Janet a joué un rôle de premier plan dans la psychologie de son époque ; mais s'il faut le mentionner aujourd'hui, c'est surtout parce qu'après une période d'oubli, il est en train d'être redécouvert par toute la psychopathologie internationale ; de plus en plus relus, ses travaux font l'objet d'un véritable engouement et sont en passe de gagner une nouvelle jeunesse.

L'apparition de la dissociation de Janet dans la classification psychiatrique internationale donnera une impulsion à la recherche, sur tous les continents. Dans ce vaste mouvement, la France qui est le pays qui a vu naître ces travaux, reste pourtant en retrait ! Les États-Unis se mettent à relire Janet, et bientôt certains pays d'Europe en font autant. Les Pays-Bas, la Belgique et l'Allemagne seront particulièrement actifs dans cette première redécouverte de Janet à l'aube du $21^{\text{ème}}$ siècle. Des cliniciens comme Onno van der Hart et Bessel van der Kolk comprennent vite l'intérêt du concept clinique de dissociation et élaborent une réactualisation des anciens travaux de Janet. Depuis 20 ans, j'ai l'honneur de contribuer moi-même autant que possible à la redécouverte de Janet et de la dissociation, en France ; notre beau pays étant resté longtemps en retard sur ses voisins, j'ai été dans les années 1990 l'un des premiers praticiens et formateurs à utiliser la dissociation et les travaux de Janet, en collaboration avec Isabelle Saillot (Réseau Janet).

En 2010 est publié en France le fruit des recherches de trois cliniciens de stature internationale : « Le soi hanté » (De Boeck, 2010) d'Onno van der Hart, Kathy Steele et Ellert Nijenhuis. Il s'agit du premier manuel de recherche clinique à rendre justice à Pierre Janet en France ! Dans ce manuel de référence, les auteurs présentent la dissociation de Janet sous une forme actualisée, en synergie avec les derniers résultats de la neurobiologie et de l'imagerie cérébrale. Ils exposent toute la fécondité de ces notions en partageant avec leurs lecteurs 20 ans de pratique clinique avec des patients traumatisés et dissociatifs. Ils appellent cette pathologie la « Dissociation Structurelle de la Personnalité » (DSP) : en ajoutant « structurelle » à l'épithète qu'avait choisi Janet, ils signifient par là que le clinicien doit s'intéresser aux structures psychiques tout autant qu'aux processus sous-jacents de la maladie. Pour Janet, le patient subissait une dissociation des idées et fonctions qui constitue normalement la personnalité ; Onno van der Hart, Kathy Steele et Ellert Nijenhuis précisent la structure de cette dissociation : elle n'apparaît pas n'importe où mais elle suit la ligne de frontière entre les systèmes neuropsychologiques, un peu comme un tremblement de terre suit toujours une ligne de fracture du terrain (appelée « faille », en géologie). Ces systèmes correspondent aux modules de Fodor, et sont par exemple : le système d'attachement, le système de fuite, d'attaque, d'alimentation, de reproduction... Pour mieux appréhender le chemin sur lequel nous devons guider ces patients à la personnalité fragmentée, les concepts-clé sont ceux de « Partie Apparemment Normale de la personnalité » (PAN) et de « Partie Émotionnelle de la personnalité » (PE). La PAN est la partie de la personnalité qui se présente comme à peu près normale et permet au patient de gérer son quotidien, et la PE est la partie de la personnalité qui contient le traumatisme et perturbe la vie du patient sans qu'il en comprenne l'origine.

On comprend grâce à cet ouvrage ce qui associe étroitement entre eux les troubles de stress, les troubles somatoformes et les troubles dissociatifs du DSM-IV, le manuel international de psychiatrie. Comme Janet l'avait bien vu, ces manifestations pathologiques constituent le plus souvent une seule et unique entité nosographique ayant la dissociation traumatique comme cause. Dans l'approche de la Dissociation Structurelle de la Personnalité (DSP) que met en avant Onno van der Hart et ses collègues, ces catégories diagnostiques correspondent à différents degrés de gravité de la dissociation : selon ce modèle très élaboré, le stress post-traumatique (PTSD) simple et complexe, les états-limites (borderline), les troubles dissociatifs et somatoformes, et le trouble d'identité dissociative (TDI / DID) sont des degrés de gravité de la dissociation au sens de Pierre Janet. Les degrés que proposent ces auteurs correspondent au nombre de divisions de la personnalité (et de la mémoire) : dans une dissociation primaire on trouve une PAN et une PE, dans une dissociation secondaire on trouve une PAN et plusieurs PE, enfin, dans une dissociation tertiaire on trouve plusieurs PAN et PE. Le traitement par phases inspiré des résultats pionniers de Pierre Janet et présenté dans cet ouvrage est de plus en plus utilisé à l'échelle internationale.

La T.I.C.E.© : une « hypnose sans hypnose » !

La parole est importante, néanmoins seule une approche somatopsychique peut libérer l'individu en profondeur et de façon durable. Car s'il est possible de mettre des mots sur les émotions, celles-ci sont avant tout des états bio-neuro-psychologiques d'une complexité telle que seule une approche somatopsychique peut appréhender. Les émotions se logent toujours à l'interstice du corps et de l'esprit. Elles peuvent être évoquées par la position du corps, et plus finement, par une posture du bras, de la main, une façon de tenir sa tête, un simple mouvement du pied, de l'épaule... en prenant cette position, en effectuant ce léger mouvement, en esquissant ce petit geste, ou tout simplement en se concentrant sur cette partie de son corps, le vécu du patient mobilise la mémoire, des images, des sensations, et alors surgissent des émotions en rapport à ces expériences passées ou présentes, agréables ou désagréables. Il suffit parfois de passer sa main au dessus de la poitrine ou de l'abdomen d'un patient allongé, sans même le toucher, pour qu'une émotion forte se saisisse de sa conscience. Il arrive parfois que le simple fait de demander à un patient de relâcher la tension de son poing fermé ou de sa nuque tendue change soudainement tout son état de conscience et enclenche un important épisode émotionnel. Des souvenirs plaisants ou déplaisants, des traumatismes, peuvent être littéralement codés par le corps, sans avoir laissé aucune trace en mémoire verbale. Dans cette approche « bottom-up », ou ascendante le corps est le véritable point de départ d'une expérience intime complète qui relie dans le même ensemble toutes les parties de notre être, qui établit des connexions insoupçonnées ou rétablit des connexions depuis longtemps rompues... : il n'est pas rare que des pans entiers du passé, depuis longtemps enfouis dans l'oubli, ressurgissent soudainement lors d'une séance. Un geste, une sensation, ramène soudain à la mémoire des images, des perceptions auditives, visuelles, toute la globalité psychobiologique d'un événement parfois éprouvant, dont le sujet ne s'était pas souvenu depuis des années, parfois depuis son enfance.

La puissance de l'investigation « bottom-up », ou ascendante, est encore trop méconnue, pourtant les pouvoirs du corps pour développer ou soulager l'esprit, recèlent un potentiel presque infini. L'approche ascendante des émotions, du vécu passé et présent du sujet, évite le piège des mots, un écueil que bien des psychothérapies conventionnelles ne surmontent pas. Une séance somatopsychique, largement non verbale, profite aux patients de toutes origines, même à ceux qui s'expriment difficilement dans la langue du thérapeute ; elle contourne également la difficulté du niveau d'expression orale des sujets, qui peut être très différente d'un patient à l'autre : tout le monde n'a pas eu une formation littéraire de haut niveau lui permettant de plaquer sur toute expérience humaine des mots pertinents et percutants, des phrases fortes et authentiques, des tournures et des expressions parfaites. Des sujets qui ne sont pas spontanément portés à faire de long discours, à traduire tout leur vécu en paroles, à aimer jouer et travailler avec les mots, bénéficieront particulièrement de leur prise en charge par l'approche ascendante, somatopsychique non verbale ou semi-verbale. Ici pas de mots entre nous ! Car, si comme le disent nos amis italiens « traduttore : tradittore » (traducteur : traître !), les mots peuvent parfois nous trahir et déformer notre pensée, combien plus ne trahiront-ils pas nos ressentis corporels, nos sensations somatiques et nos états émotionnels, lesquels construisent la complexité de notre vécu en dehors de tout circuit lexico-sémantique !

Le traumatisme au quotidien et ses symptômes

Un traumatisme n'est pas forcément aussi grave qu'on le pense : à propos du trauma, nous pensons spontanément à des situations aussi terribles que celle des soldats en temps de guerre, ou celle des personnes ayant subi des abus sexuels répétés dans l'enfance. À vrai dire, il n'est pas nécessaire d'avoir vécu des circonstances aussi dramatiques, et des événements beaucoup plus ordinaires peuvent néanmoins traumatiser une personne profondément. En fonction de son passé, de son expérience, de ses goûts ou dégoûts, de ses intérêts ou de ses compétences, un événement donné constituera soudain un traumatisme insoutenable pour une personne, et quelque chose de la plus grande banalité pour une autre... de ce fait, le traumatisme est beaucoup plus répandu qu'on ne le pense. Levine indique que nous avons pratiquement tous subi au moins un épisode traumatique dans notre vie ! D'après une étude récente portant sur plus d'un millier d'hommes et de femmes, 40% d'entre eux auraient vécu un traumatisme au cours des trois dernières années, par exemple un viol ou une agression physique ; D'autres statistiques montrent que 10 à 15% des adultes souffrent au moins occasionnellement d'attaques de panique, d'anxiété ou de phobies, enfin, plus de deux patients sur trois consultent leur médecin pour des symptômes qui sont purement psychosomatiques... De ce fait, le traumatisme est si répandu que beaucoup de personnes ne savent pas qu'elles en sont atteintes, même si elles présentent pourtant des symptômes évidents d'un état de stress post-traumatique complet.

Le traumatisme est quelque chose de sournois : nous en avons généralement une image faussée, bien loin de correspondre à la réalité que vivent les survivants de trauma aigus. Souvent, nous nous imaginons qu'une personne traumatisée se reconnaît aisément à sa mine sombre, à son air démoralisé, à ses ruminations perpétuelles, ses obsessions : « il ne parle sans cesse que de son accident de voiture, qui remonte pourtant à 5 ans ! ». Quand nous ne l'imaginons pas complètement « fou », nous nous attendons à observer sur le sujet traumatisé des signes évidents de détresse... En réalité, les symptômes du traumatisme sont infiniment plus complexes : non seulement il est parfois bien difficile de les déceler, mais il arrive même que les thérapeutes les plus aguerris les confondent avec des symptômes plus courant de dépression ou de fatigue !

Sylvie S., victime d'abus sexuels ayant duré une longue partie de son enfance, a fait des études brillantes et a obtenu une fonction importante dans un grand groupe international : elle a tout de la « jeune cadre dynamique » et ce qu'elle donne à voir est en tous points positif et valorisant ; la réussite privée et professionnelle semble être son dû, et lui coller à la peau tout naturellement. Et pourtant... à l'intérieur d'elle-même, une partie de sa personnalité, ravagée, est restée figée au temps de la terreur, de l'innommable ; ce lac de lave en fusion au cœur de son être crie, hurle de douleur et de colère, sans pouvoir se libérer ; cette personnalité traumatique, au plus profond de Sylvie S., ne peut se manifester que la nuit, en provoquant d'affreux cauchemars que Marie ne comprend pas, et le jour par des crises soudaines de sueurs froides et d'angoisse... que Sylvie S. ne parvient pas à interpréter et dont la cause lui reste inconnue...

La plupart des symptômes traumatiques sont ancrés dans des processus somatiques dont le patient n'a pas conscience lui-même et dont il ne saisit pas la signification ; ils sont confinés à l'intérieur d'une ou de plusieurs parties émotionnelles de la personnalité. Chez Sylvie S, c'est cette partie émotionnelle de sa personnalité qui a soudainement été activée par la vision imaginaire d'un tigre à l'assaut. C'est là la véritable limite des thérapies purement verbales, et le grand intérêt d'une approche somatopsychique pouvant intégrer lors du déroulement de la cure, des parties verbales, semi-verbales et non verbales. Tous les patients ont de profondes ressources inscrites dans leur corps : c'est eux qui peuvent mobiliser, aidés par le thérapeute, une dynamique « bottom-up », ou ascendante. Levine a été l'un des premiers à l'écrire : « tant que nous ne comprenons pas que les symptômes traumatiques sont autant physiologiques que psychologiques, nos tentatives de guérison sont vouées à l'échec ».

Or, les racines du traumatisme plongent dans la physiologie de notre nature instinctuelle. Le traumatisme est par nature tout aussi somatique que psychique ; de ce fait il est impossible de s'en guérir sans concentrer ses efforts tout autant sur son corps que sur son esprit : seule une approche somatopsychique peut véritablement aider les patients. Une voie qui n'est pas la plus facile à suivre, car bien souvent, nous avons tendance à penser qu'il suffit de confier ses traumatismes à un proche, de les raconter à un thérapeute, pour s'en débarrasser facilement. En réalité, la plupart des gens donnent beaucoup plus de pouvoir à la mémoire qu'elle n'en a vraiment. Beaucoup de personnes sont persuadées que pour se soulager d'une souffrance, voire d'un traumatisme, il est nécessaire de le faire réapparaître à la mémoire, et d'en faire le récit à soi-même ou à un thérapeute. Cette opinion extrêmement répandue est pourtant fausse ! Il s'agit là d'une croyance fausse et potentiellement dangereuse. Ce que ressentent les patients traumatisés, ce sont avant tout des sentiments de honte, de culpabilité, de l'angoisse. Non seulement il ne servirait à rien d'évoquer directement, froidement, le souvenir des événements traumatiques, mais il serait dangereux d'affronter de tels souvenirs. Les patients ne doivent pas être exposés sans préparation à des souvenirs terrifiants : ceux-ci pourraient rapidement les submerger, leur infliger une souffrance insoutenable, ou leur faire perdre le contrôle. Toutes ces réactions sont nuisibles à l'instauration d'un climat propice à la thérapie. Au contraire, les recherches cliniques montrent qu'un traitement efficace ne demande absolument pas des années de thérapie, ni la recherche de souvenirs inconscients profondément enterrés.

De nombreux patients traumatisés ont une réaction de déni par rapport à ce qu'ils ont vécu. Ils se conduisent comme si rien n'était advenu, ou comme si l'événement n'avait aucune importance. Par exemple, lorsqu'une personne que nous aimons disparaît, ou lorsque nous endurons une blessure ou un viol, nous pouvons continuer à vivre comme si rien ne s'était passé. Malheureusement, la réaction de déni renforce le figement et la dissociation et contribue à fixer le patient dans son état pathologique. Le déni incite les individus traumatisés à contenir encore plus fermement toute l'énergie vitale emprisonnée au fond d'eux-mêmes, et à empêcher sa libération. Avec le déni, la réaction de figement est ralentie au maximum et perd toute possibilité de reprendre son cours pour s'achever enfin. Le déni de l'événement (ou de son importance) est un des premiers symptômes sur lesquels travailler en consultation.

Le sentiment d'impuissance est un sentiment qui apparaît pendant l'événement traumatique, et perdure ensuite sous une forme atténuée. Il est donc caractéristique des symptômes traumatiques et figure parmi les premiers qu'un thérapeute pourra observer, même immédiatement après l'événement. Il est directement lié à la réponse de figement qui a commencé sans pouvoir se terminer, car le sentiment d'impuissance est un effet des processus physiologiques qui accompagnent l'hyperactivation du système nerveux. Face à un danger devant lequel nous ne pouvons ni combattre ni nous enfuir, le système nerveux nous plonge dans l'immobilisation totale. Chez les animaux sauvages, cette réaction imite la mort subite de la proie capturée : parfois le prédateur se laisse piéger par cette stratégie et délaisse cette proie qu'il croit morte… laquelle s'enfuit alors à toutes pattes ! Mais chez l'homme, il n'est pas rare que la réaction d'immobilisation s'accompagne d'un intense sentiment d'impuissance. Or, ce sentiment va persister bien après l'événement, et modifier en profondeur tout le rapport au monde qu'entretient le sujet. Car ces sentiments traumatiques perpétuent les symptômes, et ceux-ci vont s'alimenter – parfois très rapidement – d'autres éléments de notre vécu psychobiologique, jusque parfois envahir toute l'existence.

Trauma et estime de soi

Lorsqu'un individu fait face à un danger extrême, une importante quantité d'énergie se libère dans tout son organisme. Si l'individu parvient à réagir, c'est –à-dire à combattre ou à fuir, l'énergie qui a été mobilisée se trouve donc utilisée à bon escient, par ces actions. Il s'ensuit des sentiments positifs (par exemple celui d'avoir fait « exactement ce qu'il fallait faire ») et surtout, des sensations physiques de bien-être et de détente : une saine fatigue, un peu comme celle du devoir accompli. En revanche, les symptômes apparaissent rapidement quand l'immense réserve d'énergie préparée pour réagir n'a pas été utilisée. L'organisme va alors rester dans son état d'hyperactivation, comme si le danger n'avait pas été écarté ! Si la réponse de figement ne peut pas se terminer, le corps va en déduire que le danger n'a pas disparu.

Hélas… nous ne sommes pas tous égaux face au trauma ; différentes caractéristiques personnelles, physiques ou mentales, nous rendent plus ou moins forts ou vulnérables à ce type d'événements. Une constitution corporelle très solide, une vitalité et une énergie débordantes, aideront bien entendu à surmonter plus facilement un traumatisme, car la force physique et l'entraînement, la vitesse ou la souplesse peuvent être un avantage décisif en cas d'agression par exemple. plus important encore : statistiquement l'âge de la personne est déterminant, car les nourrissons, les jeunes enfants et en général les personnes manquant d'expérience ou de connaissances sont bien plus exposés aux ravages du trauma que la population générale. C'est pourquoi les traumatismes les plus graves ont souvent lieu dans la petite enfance. L'estime de soi est un facteur trop méconnu, jouant pourtant un rôle important pour une personne devant faire face à une situation potentiellement traumatisante : comme le rappelle Levine, il y a des individus qui se sentent capables de se défendre seuls, d'autres non, et ce quelle que soit la réalité de ce sentiment. Cette perception que nous avons de nous-même, aussi appelée « autoperception », peut varier considérablement d'un sujet à l'autre. Elle dépend de notre attitude générale face à la vie et à ses épreuves, et surtout de nos expériences vécues, car nos succès ou nos réussites passés influencent sensiblement notre capacité à mobiliser nos instincts de défense face à une menace.

Le figement chez l'homme : une réaction incomplète

L'approche intégrative que j'ai développée exploite activement les ressources propres que les patients sont capables de mobiliser pendant les transes chamaniques, et utilise de façon encore plus précise le pouvoir que ces forces internes peuvent déployer au service de notre propre guérison. Car comme l'expliquait Pierre Janet dès le début du 20ème siècle, la guérison du trauma passe essentiellement par la reconstruction de l'unité perdue de la personnalité. Un individu traumatisé est un individu fragmenté, dont les parties de la personnalité se sont séparées les unes des autres : pour guérir, commencez par retrouver en vous les parties égarées ou dispersées de votre personnalité morcelée. Une condition préalable est indispensable à l'installation d'une cure réussie : le patient doit avoir envie de guérir, il doit réellement souhaiter s'en sortir, tourner la page de mois ou d'années de souffrance. Car bien souvent la société nous incite à cacher nos blessures, et à afficher une personnalité forte, une humeur enjouée, une vie stable et équilibrée. Beaucoup de patients sont parfaitement capables de « faire semblant » et de donner une image d'eux-mêmes totalement fausse par rapport à la douleur insistante qui les ronge de l'intérieur, et dont ils ne montrent rien.

Par la volonté, beaucoup de patients dont l'intimité est un tragique champ de ruines, donnent à autrui l'impression d'être en pleine forme aussi bien physiquement que mentalement. Mais grâce aux capacités de notre néocortex, grâce à notre faculté de rationaliser, nous pouvons donner l'impression de sortir d'un événement grave, comme une guerre, sans une égratignure. Nos collègues, nos proches, parfois même nos meilleurs amis ne s'aperçoivent de rien, et nous faisons des efforts considérables pour sauver les apparences tandis que notre souffrance intérieure ne fait que grandir... Cette attitude courageuse – peut-être trop courageuse – est, en réalité, extrêmement dangereuse. Pendant que le sujet nie être dans la souffrance, dans l'angoisse, ses symptômes traumatiques s'accroissent et s'étendent, des troubles somatopsychiques étendent leur empire, sa personnalité se fragmente sans cesse plus. Les réactions qui sont restées inachevées au moment du trauma s'enracinent au plus profond du corps, le réservoir de forces de défenses scelle sa fermeture plus solidement encore : bientôt le patient a en lui-même une véritable bombe à retardement, qui ne demande qu'à exploser.

Prendre en compte les effets de la réponse de figement permettent d'éclairer les mécanismes du traumatisme sous un jour inédit. Après Janet, Levine a été un des premiers à comprendre la complexité des facteurs neurophysiologiques qui influencent directement les effets cliniques. Lors d'un événement traumatique, un excès d'énergie se voit soudainement confiné à l'intérieur du système nerveux, de sorte que la réaction de fuite ou de combat ne peut pas avoir lieu. Le sujet entre dans la réponse de figement, qui va maintenir obstruée la formidable réserve d'énergie mobilisée pendant l'événement. Le système nerveux est capable de contrôler cette activation énergétique excessive, mais ce contrôle a un prix : le développement des symptômes post-traumatiques. Car en effet, les symptômes post-traumatiques deviennent, en un sens, la soupape de décompression de l'organisme : celle-ci laisse s'échapper juste assez de force pour permettre au système de continuer à fonctionner. Tout l'organisme s'engage à maintenir fermé le réservoir de l'énergie emmagasinée. Pour ce faire il déploie de nombreuses stratégies : toute pensée, tout sentiment, tout comportement qui peut contribuer à garder la porte fermée est favorisé ; les fonctions de survie n'échappent pas au tableau clinique et le cerveau reptilien, perturbé par cette réaction de figement qui reste inachevée, provoque des dysrégulations de l'alimentation, du sommeil, de la sexualité : la boulimie ou l'anorexie, le tabagisme ou la prise de drogues, l'insomnie, la dépendance au jeu et d'autres formes d'hyperactivité ne sont que quelques symptômes parmi d'autres qui peuvent trahir cet état profond.

Colère et action

Pendant des décennies, la psychothérapie a consisté – essentiellement – à inciter les patients à parler, à exprimer leurs ressentis, à exposer librement les mots ou les phrases qui leur venaient à l'esprit. Ces méthodes verbales ne sont d'aucun secours dans le cas d'un patient traumatisé bloqué dans la réaction de figement. Pour ce type de sujets, point d'échappatoire : il faut parvenir à terminer la réaction de figement, à libérer l'énergie stockée par le système nerveux. Et pour ce faire une seule méthode : se remettre à agir ! Les sentiments de honte et d'injustice, qui sont si fréquents chez les personnes traumatisées, dépend du cerveau limbique, mammalien. Le sentiment d'équité, lui, dépend du cerveau corticalisé, ou cortex. Quand un sentiment de honte s'installe durablement, le système limbique « traduit » cette information en colère et lui transfère un certain montant énergétique. À ce moment, le néo-cortex interprète la situation comme nécessitant une « vengeance » : le patient entre alors dans un dangereux comportement vindicatif, et recherche activement à imposer des représailles à son agresseur. Levine appelle une « remise en acte » cette forme de continuation du traumatisme. Remettre en actes un trauma, c'est répéter l'événement, mais en lui donnant une autre forme. Levine cite l'exemple de ce vétéran du Vietnam qui avait cru mourir, cerné par une troupe d'ennemis au milieu d'une rizière, un 5 juillet à 6h30 du matin. De retour à la vie civile, profondément traumatisé sans même le savoir, il commettait un hold-up à New-York tous les 5 juillet à 6h30 du matin. Il fut arrêté au bout du 6ième, soit 6 ans plus tard, et put être traité – avec succès – par un spécialiste du trauma. C'est ainsi qu'il découvrit le lien entre ses propres actes de délinquance, et son traumatisme de guerre, lien qu'il n'avait pu établir seul. Il est certain que la remise en acte permet d'évacuer un peu du trop plein d'énergie qui est emmurée au fond de la personnalité. Agir de façon violente ou menaçante permet aussi, en quelque sorte, d'apprivoiser une partie des émotions et des sensations qui sont prêtes à submerger la personnalité à tout propos, car en agissant de la sorte, le sujet traumatisé peut les ressentir tout en les gardant à un niveau tolérable… Néanmoins ces cas ne sont pas isolés et les résultats cliniques sont clairs : du point de vue thérapeutique, la remise en acte est inutile et risquée. Elle maintient le traumatisme bien plus qu'elle ne le soulage.

La raison est simple : une remise en acte est pratiquement comme une pulsion : elle s'impose à l'individu sans qu'il ait réellement « choisi » d'agir ainsi. Elle l'enferme donc dans son traumatisme et retarde le moment où il pourra le maîtriser. Levine compare cette remise en acte à un « tourbillon » traumatique (ou « vortex ») : le trauma est un choc qui est venu percuter la carapace du sujet, une brèche s'est formée. Par cette brèche s'écoule un flot d'énergie de grande puissance.

Alors bien souvent l'individu se laisse emporter par ce courant, il lâche prise et se laisse entraîner dans le tourbillon : c'est la remise en acte qui approche ! Cette remise en acte intervient quand nous sommes happés dans le vortex traumatique. Pourquoi chercher à l'éviter ? Parce qu'elle est un processus qui enclenche des schémas comportementaux dotés de leur propre logique, non accessibles à la résolution rationnelle des problèmes. En se laissant emporter dans une remise en acte, le sujet traumatisé s'interdit toute prise de conscience : il agira dans un état second de vigilance très atténuée, rendant ses perceptions et ses pensées vagues et peu contrôlables. Il ignore lui-même ce qui le motive, il ne connaît pas ses propres motifs d'agir de la sorte, en un mot, il fait simplement ce qu'il a à faire ! Une telle conduite n'est évidemment pas le chemin direct vers la guérison. Une thérapie adaptée est une thérapie qui aura non seulement vaincu le traumatisme, mais – peut-être surtout – le désir de vengeance. En un mot une thérapie adaptée est une thérapie qui a su rendre au patient son calme intérieur et sa sérénité.

Les animaux sauvages sortent facilement d'une réponse de figement. Ils savent spontanément évacuer la réserve d'énergie nerveuse qui a été emprisonnée dans leur organisme au moment du danger. Puisque c'est en raison de leurs caractéristiques propres que les êtres humains réussissent beaucoup moins bien cette transition, ce sera également en raison de leurs caractéristiques propres qu'ils devront tenter de surmonter un traumatisme. Or, la principale caractéristique propre de l'homme, c'est son néo-cortex et la conscience. La thérapie devra donc guider le patient vers une prise de conscience des mécanismes impulsifs qui l'incitent à la remise en actes, elle devra le conduire pas à pas vers la pleine conscience des énergies prisonnières au fond de lui, des forces qu'il possède sans le savoir, et des ressources somatopsychiques qui n'attendent que d'être mobilisées. Sur ce chemin vers le mieux-être, le corps est le plus sûr des alliés, c'est par lui que la transformation des ressentis mènera à la résolution des trauma : au sein des fils qui tissent la trame de notre existence corporelle, le traumatisme peut être métamorphosé. Les fragments morcelés qui concernent les émotions et les comportements traumatiques se renforcent et se complètent ; dans cette véritable ré-association, un sentiment de force fait sa salvatrice apparition.

Activation et dissociation

Entendre un bruit dangereux, apercevoir une ombre menaçante, ces perceptions de dangers potentiels placent l'homme, comme l'animal sauvage, dans l'état de vigilance, qu'on appelle également l'état « d'activation ». C'est en entrant dans cet état que l'individu sera en mesure de réagir aux dangers. Grâce à l'état d'activation, l'organisme se prépare déjà à fuir ou à combattre. Contrairement à ce qu'on pourrait croire, les premiers instants de cet état sont très agréables ! Et ceci s'explique, en fait, facilement : l'état d'activation doit disposer l'organisme à des efforts potentiellement violents, par conséquent l'état d'activation correspond à un afflux de forces qui se mettent soudain à irriguer tout le corps. À ce moment les personnes activées éprouvent souvent une agréable impression d'énergie, de puissance ; elles se sentent fortes et capables de grandes choses. Bien qu'elle ait été façonnée par l'évolution pour traiter des situations dangereuses, l'irrigation énergétique est un processus physiologique proche du plaisir. À condition, bien sûr, que cette activation ne soit pas trop intense. Nous vivons tous de tels moments, par exemple quand nous attendons avec impatience un appel téléphonique et que le téléphone se met enfin à sonner. L'état d'activation peut s'accompagner d'un petit « battement de cœur », c'est-à-dire d'une légère élévation du rythme cardiaque, d'une douce sensation de chaleur. Si l'on considère maintenant des intensités beaucoup plus fortes de l'état d'activation, beaucoup de personnes les trouvent extrêmement agréables également, et les recherchent activement. Les manèges des fêtes foraines et des parcs d'attraction procurent une bonne activation que les gens apprécient et renouvellent, les pratiques extrêmes comme le saut à l'élastique vont jusqu'à provoquer l'euphorie des participants. L'euphorie est l'extrémité positive de l'état d'activation. Après le saut, quand l'activation diminue progressivement, en général les participants se sentent très détendus : ce qui leur a été profitable est d'avoir achevé un cycle complet de mise en vigilance, activation puis relâchement. Alors peut enfin survenir un sentiment de profonde satisfaction.

Les personnes traumatisées n'apprécient absolument pas l'état d'activation, car chez elles cet état est irrémédiablement associé à l'événement traumatique. Au moment insupportable qu'elles ont vécu, un lien indélébile s'est solidement noué entre leur terreur et leur état d'activation. Maintenant, si une émotion suscite un début d'activation, la peur les saisit immédiatement, et une attaque de terreur peut s'en suivre. Il en résulte que les survivants de traumas sévères redoutent terriblement l'état d'activation et tout ce qui peut le provoquer, dans leur vie quotidienne. Malheureusement, par cette attitude, ils s'empêchent de terminer le cycle d'activation qui a commencé le jour de leur traumatisme, et ne parviennent donc jamais à sortir de cet état d'activation qui n'a plus aucune pertinence des mois ou des années après l'événement. Une personne traumatisée se trouve alors immobilisée dans une séquence de frayeur, ne sachant comment mettre fin à cette activation permanente.

La guérison va prendre effet au moment où le patient prendra conscience qu'il doit parvenir à laisser se dérouler le cycle d'activation jusqu'au bout. Le cycle est commencé, le cycle doit s'achever ! Comment y parvenir ? Une première étape est de se préparer à accepter les sensations et les images qui apparaissent dans le corps et dans le psychisme au tout début d'une nouvelle activation. Levine explique clairement que si « nous leur laissons suivre leur cours naturel, elles culmineront puis commenceront à diminuer pour se résoudre » (p. 130). Lors du processus final, les patients ressentent souvent des tremblements, des secousses, des picotements, des vibrations ; ces manifestations peuvent concerner des parties du corps très variées, comme par exemple le cou, le dos, les yeux, l'abdomen, la poitrine, les jambes, les bras ou seulement les mains. Finalement une profonde détente, un calme intérieur, un sentiment de sécurité et de confiance s'installe en eux, qu'ils n'avaient pas ressenti depuis parfois très longtemps.

La réaction de figement s'accompagne d'un processus complexe : la dissociation. La dissociation est ce qui permet de retenir l'hyperactivation qui apparaît face à un événement insoutenable : la dissociation retient l'énergie libérée pour faire face à la situation et plonge l'individu dans le figement ; elle nous protège de la montée en intensité de l'activation déstructurante. Dans « Réveiller le tigre », Levine cite le témoignage d'un explorateur qui subit l'attaque d'un lion en Afrique. Le lion bondit sur l'homme ; sa gueule largement ouverte le saisit par l'épaule. Dans la lourde chute qui s'ensuit, le lion secoue sa proie en tous sens. L'homme tombe dans un état second : « le choc produisit une stupeur semblable à celle que doit ressentir une souris prise par le chat. Il s'installa une sorte d'état second où il n'y avait ni douleur ni terreur ». À ce moment l'homme entre dans un processus de figement et de dissociation, et cet état particulier s'installe probablement chez tous les animaux tués par un carnivore. Ainsi, la dissociation est un symptôme fréquent des traumatismes extrêmes. Elle accompagne presque toujours les événements les plus terrifiants, en particulier ceux où le sujet a été persuadé de perdre la vie. Une des principales caractéristiques de la dissociation est d'interrompre le flux d'information circulant habituellement entre l'événement et la conscience, d'autre part entre le corps et l'esprit, ou seulement une partie du corps. Un aspect important du travail de cure sera donc de rétablir (graduellement) ce flux d'information.

Comment sortir (enfin !) du figement

Chez l'animal, la réaction de figement, si efficace, présente plusieurs différences par rapport au figement humain. Tout d'abord cette réaction dure très peu de temps, comme le rappelle Levine « la durée de réponse de figement chez les animaux est normalement limitée ; ils y entrent et en sortent aussitôt » (p. 104). Mais l'homme, lui, n'est malheureusement pas capable de sortir rapidement du figement traumatique. Sous l'effet de la panique, l'énergie vitale libérée pour activer une réponse de survie se trouve piégée à l'intérieur du système nerveux, comme si un effrayant sarcophage de béton s'élevait tout d'un coup autour du réservoir de nos forces. Toute l'énergie de la personne devient emmurée au plus profond d'elle-même... Que va-t-il se passer ? Privé de son énergie qui reste confinée en lui-même, le sujet ne peut achever la réponse de figement qu'il vient de commencer. Il ne peut plus en sortir, et va progressivement s'installer dans cet état d'immobilisme et de terreur. Le cycle naturel de la réponse de figement est brisé, le figement ne peut être poussé à sa fin : c'est à ce moment que la vie d'un individu bascule dans le traumatisme. Les premiers symptômes vont rapidement apparaître. La réaction de figement des êtres humain diffère encore de celle des animaux par les idées auxquelles nous l'associons. Chez les animaux, le figement n'est associé à aucune représentation positive ou négative. En elle-même, cette réaction de survie ne déclenche aucun plaisir ni déplaisir, elle est juste utile quand la situation l'exige. Au contraire, nous associons mentalement l'idée du figement à l'idée de la mort. Or, quelle que soit sa culture l'homme déteste l'idée de la mort, la redoute et préfère ne pas y penser. De ce fait, nous ressentons l'état de figement comme un état extrêmement désagréable, auquel il est préférable de ne pas penser, et qu'on doit si possible éviter. Mais par cette attitude de rejet, l'être humain retarde un peu plus le moment où sa réaction de figement pourra enfin se terminer... et le libérer de ses symptômes traumatiques.

Les premiers symptômes traumatiques correspondent aux émotions que le sujet a ressenties pendant l'événement traumatique, la colère et la peur et plus souvent leurs manifestations extrêmes, la rage et la terreur. Ce sont ces émotions bouleversantes qui ont été à l'origine de la réponse de figement : ce sont elles qui vont persister chez l'individu qui n'a pas pu achever sa réponse de figement. Ces émotions, en quelque sorte fossilisées, continuent maintenant à hanter la personnalité du survivant d'un trauma, de sorte qu'il éprouve des colères et des angoisses terrifiantes bien après que le danger soit écarté. L'anxiété est une des principales émotions que ressentent les sujets traumatisés. Levine fait remarquer que l'anxiété post-traumatique est comme un figement qui est « maintenu de l'intérieur ». L'envie de tuer son agresseur est si intense et irrépressible, et si terrifiante, que le sujet traumatisé la retourne contre lui plutôt que de la libérer par des actes. Cette formidable quantité d'énergie emprisonnée commence son travail destructeur à l'intérieur : la dépression post-traumatique s'installe, avec son lot de symptômes.

Comme Levine le fait remarquer, les gens sortent du figement dans l'état où ils y sont entrés « si nous sommes sous l'emprise de la terreur au moment d'entrer dans la réaction de figement, nous en sortirons dans le même état » (p. 105). Les médecins de l'armée américaine l'ont remarqué depuis longtemps « ils en sortent comme ils y entrent » disent-ils à propos de l'état de terreur des soldats. Au moment où le sujet traumatisé commence à achever sa réponse de figement, des mois, parfois des années plus tard, il peut être saisi de crises de rage et d'impulsions agressives, comme d'attaques de panique avec sentiment de mort imminente. Ainsi, il est fréquent que les femmes qui ont été violées sortent du choc en voulant tuer leur assaillant. Pourtant ce sentiment de revanche fait partie intégrante de la réaction de figement que nous partageons avec les animaux sauvages : il s'agit de la phase finale de la réaction de survie à un danger vital. Cette réaction et toutes ses phases sont génétiquement programmées, elles sont le résultat d'une longue évolution biologique que nous partageons avec tous les autres mammifères. Les impulsions à l'agression sont fréquentes chez des sujets traumatisés, au moment où ils commencent à surmonter leur trauma. Quand la réaction de figement reprend son déroulement naturel, l'énergie confinée au fond de nous-mêmes pendant des mois ou des années commence à se libérer et à irriguer tout le corps. Toute l'anxiété, toute la colère qui étaient retenues à l'intérieur rendent irrépressible l'impulsion à tuer. Beaucoup de patients sont alors terrorisés de cet afflux de haine qui les submerge soudain : ils ont peur de se laisser déborder.

Mais sortir du figement peut donner lieu à un véritable cercle vicieux : l'événement traumatique a associé solidement le figement et la terreur. C'est cette association anormale qui maintient la réponse de figement incomplète, qui l'empêche de se terminer, et qui retient une immense quantité d'énergie percluse dans l'organisme. « L'énergie volcanique du traumatisme est verrouillée dans l'association peur-figement » rappelle Levine (p. 111). Pour débloquer la situation, il faut casser ce lien pathologique qui s'est créé entre le figement et la terreur. C'est ce que font tous les animaux ! Au moment de sortir du figement, toute l'énergie qui a été provisoirement stockée est soudainement libérée pour fuir ou combattre : un véritable déferlement de forces inonde alors l'organisme de l'animal sauvage. Malheureusement, c'est à ce moment que les patients ne réagissent pas de la même façon que les animaux. À l'instant où ils sentent qu'ils pourraient sortir du figement, beaucoup de personnes commencent à être saisies d'émotions brutales, de l'ordre de la panique ou de la colère extrême. Ils sentent venir une crise qui s'annonce si violente qu'elle risque de les emporter. À ce moment ils répriment ces émotions et mettent tout en œuvre pour éviter une telle crise. Or, cette réaction réactive le figement ! en cherchant à contenir une nouvelle attaque émotionnelle, les patients rajoutent des degrés de figement à leur état, sans le savoir. Leur figement devient plus solide et plus durable : c'est le cercle vicieux du traumatisme qui s'installe. En fait, en cherchent à éviter les premières manifestations émotionnelles et agressives, les patients retardent d'autant leur guérison : ils sont littéralement piégés par leur peur, celle de devenir potentiellement agressifs. Dépasser cette phobie sera une étape importante sur le chemin de l'équilibre retrouvé. Car ce qui va déterminer la guérison, c'est surtout le rapport que le patient peut établir avec ses propres énergies intérieures.

Quelle que soit la durée qui sépare l'individu du moment traumatique, l'instinct de sortir du figement reste intact et puissant. Il peut s'agir de quelques jours, de mois, de plusieurs années, l'organisme n'oublie jamais, et le profond réservoir d'énergie est toujours tapi au fond, prêt à se déverser. Apprendre à maîtriser cet instinct est la voie la plus directe vers la guérison, car c'est la voie naturelle. C'est de cette façon qu'il sera possible de travailler sur les symptômes traumatiques. -Pour parvenir à surmonter les écueils qui se présentent, l'approche thérapeutique doit offrir une progression graduelle où chaque étape est importante et doit être menée sans précipitation. Un processus qui doit se produire graduellement, sans trop brusquer son déroulement naturel. S'engager sur la voie de la guérison est un défi au cours duquel beaucoup de patients vont se surpasser sur tous les plans. Sur le plan physiologique en affrontant le déversement des énergies libérées, et même sur un plan social et culturel qui pourra « conduire à un sentiment d'universalité » que décrit Levine (p. 121). Entrer en contact avec les forces traumatiques, les apprivoiser progressivement, savoir les mobiliser à bon escient ne se fait pas toujours très rapidement. Avec certains patients, une ou deux séances suffisent, avec d'autres il faudra quelques mois. Chacun doit avancer à son rythme propre sur ce trajet qu'il nous appartient de définir nous-mêmes.

Jennifer, Mercédès, et Annabelle : elles ont vaincu leur trauma !

Historiquement, le diagnostic et le traitement des troubles dissociatifs ont été développés par le psychologue Pierre Janet, qui exerçait à Paris : or paradoxalement, la France est l'un des pays les moins formés et informés sur ces troubles et leurs traitements récents. Ayant à la fois une expérience de formateur aux traitements de la dissociation, et de nombreuses années de pratique auprès de patients dissociatifs, je souhaiterais ici livrer mon témoignage assorti de quelques cas cliniques sur une approche intégrative que j'ai élaborée il y a plusieurs années, qui comme vous le verrez recèle un fort potentiel pour guider les patients sur ce chemin où nous les accompagnons quotidiennement.

On distingue classiquement deux grandes catégories d'approches thérapeutiques : l'approche non verbale et l'approche verbale. Les découvertes récentes dans le domaine des troubles dissociatifs m'ont aidé à développer une troisième voie, une approche mixte, qui met à profit les ressources semi-verbales du patient, dans ce fragile équilibre qui délimite le corps de l'esprit. À la croisée de ces sillons parfois glissants, la Psychothérapie Intégrative Corps-Esprit © que j'élabore depuis les années 1990, consiste à appréhender le traitement verbal comme une 'hypnose sans hypnose', ou plus précisément comme une « hypnose consciente » ; car de ce point de vue, les modes hypnotiques ont surtout pour visée de briser « la double contrainte » (Bateson, 1956) dont le patient est véritablement prisonnier.

Cette voie (biblio) dont n'est pas dénuée d'écueils, et ce n'est qu'en les évitant que pourra s'établir l'alliance thérapeutique, cette gardienne, ou garante, du changement souhaité et tant attendu. En effet, tout thérapeute, même le mieux intentionné, est impitoyablement menacé d'un danger dont il n'est parfois pas assez conscient. Notre épée de Damoclès ? S'enfoncer peu à peu dans la 'toute puissance', dicter – malgré nous – son changement, sa nouvelle vie au patient, l'influencer sans nous en rendre seulement compte et bien sûr sans l'avoir voulu. Cette « suggestion » si sournoise, parfois recherchée mais le plus souvent redoutée, a une longue histoire dans la psychopathologie française et américaine : à la base même des premiers traitements hospitaliers par l'hypnose, Pierre Janet en avait déjà décrit les principales propriétés (La Médecine Psychologique, 1919). Aujourd'hui, les situations que je rencontre dans ma consultation font de la suggestion – directe ou indirecte – le pire écueil qui puisse s'interposer sur la progression de l'acte thérapeutique et du bien-être du patient.

C'est précisément la raison pour laquelle il est indispensable à tout thérapeute, à mon avis, de bien connaître l'hypnose et ses modes hypnotiques, et d'en avoir une bonne pratique. Car une formation aux modes hypnotiques est à peu près la seule condition qui permette de connaître et de reconnaître les catégories nombreuses, variées et surtout, protéiformes de la suggestion ; c'est donc aussi l'une des seules façons pour le thérapeute d'éviter de suggestionner ses patients en toute connaissance de cause. Mon approche, en ce sens, est une approche « non intrusive » de la psychothérapie : elle vise à rendre au patient sa liberté, une liberté dont il a parfois été privé depuis des décennies. Le psychosomaticien ou psychosomathérapeute peut être comparé à un guide, qui va aider le patient enfin soulagé à arpenter avec de plus en plus d'aisance un terrain pour lui encore presque vierge :

l'espace inexploré du renouveau de sa vie, en un mot, l'espace inexploré de sa propre liberté.

Car ça n'est qu'à la condition d'être parfaitement libre que le patient pourra activer du fond de lui-même les processus psycho-neuronaux qui, dans le passé, n'ont pas pu l'être à temps, ou à terme. Les enjeux sont de taille : (a) suggestionner le patient, même involontairement, c'est de la part du thérapeute rejouer l'agresseur qui l'a privé de sa liberté. Or, si le thérapeute prend le rôle de « l'agresseur », les apprentissages nécessaires au travail thérapeutique ne pourront pas être réalisés par le patient, qui se retrouve en quelque sorte emmuré vivant, pour la deuxième fois, dans un trauma qui devient maintenant sarcophage. Alors au contraire, il revit, impuissant, les mêmes processus pathogènes qui ont miné sa vie depuis des années (b) in fine le cœur du problème consiste en rien moins qu'entreprendre de terminer, aujourd'hui, ici et dans le présent, une action qui s'est avérée impossible à achever dans le passé, un passé qui peut être déjà lourd de plusieurs décennies de souffrance, de retrait, d'effacement. Comprenons bien les termes en jeu dans notre approche : une action n'est pas ici bornée à des gestes, une action de l'être humain, ce sont des pensées, des sentiments et des émotions, des images, et tous les mouvements du corps qui sont restés inachevés au moment du drame.

C'est pourquoi un cadre bien adapté à ces patients fortement dissociés et facilement suggestibles se construit plus naturellement à partir de l'intégration somato-psychique véhiculée par un travail semi-verbal ; mais attention ça n'est pas pour autant qu'il faudra négliger le travail purement non verbal : celui-ci pourra constituer régulièrement d'importantes phases thérapeutiques lors de séances choisies. Ce traitement d'hypnose sans hypnose, qui a déjà montré son efficacité même dans les cas extrêmement résistants de multi-consultations, aboutit en quelques séances à l'intégration de la personnalité, mais il n'est pas rare qu'une seule séance suffise. Finalement, l'acte thérapeutique se joue toujours à la lisière de l'étroit interstice entre passé et présent. Figé à l'intérieur d'un trauma qui peut remonter à 20, 30, parfois 40 ans en arrière, Le patient a littéralement « un pied » dans le passé et « un pied » dans le présent. Ce qu'il faut appréhender dans une situation si chargée d'enjeu humain, c'est que bien souvent son souvenir du passé n'est rien d'autre qu'une emprunte somatique : il arrive donc qu'il ne comprenne pas lui-même l'origine de son trouble, ne sachant lire dans son propre corps les signes qui sont pourtant les plus ostensibles à l'œil aguerri ; c'est pourquoi il est utile, alors, de recourir à une approche de type bas – haut (bottom-up) qui va mobiliser l'élan moteur somatique dans la direction du corps à l'esprit, non l'inverse : à cette phase du traitement, ce travail d'hypnose consciente sera majoritairement non verbal.

Car en effet le cœur battant de cette relation d'aide véritablement « sur mesure » ne tient pas qu'au fin trait d'union séparant deux mots creux : non, cette union « Corps-Esprit » n'a absolument rien d'abstraite, de conceptuelle ; au contraire elle fonde l'intervention sur la sensibilité, sur le mouvement, sur l'expression du corps, sur l'action. Une perspective qui peut mobiliser les cinq sens du patient ! Évidemment le sens visuel, le sens auditif et le sens tactile sont la plupart du temps activement sollicités, mais il peut arriver que le sens olfactif joue un rôle décisif lors de l'intervention : Catherine C. avait subi une agression sexuelle il y a plusieurs années. Bien longtemps après l'événement traumatique, elle subissait des syncopes brutales et médicalement inexpliquées à n'importe quel moment de la journée. Ces évanouissements détérioraient considérablement sa qualité de vie et son potentiel d'adaptation aux tâches quotidiennes, aussi bien professionnelles que privées ; c'est la raison pour laquelle elle se décide à me consulter. En deux séances, nous ne parvenons toujours pas à établir avec certitude le facteur déclencheur de ses pertes de conscience. Peu après nous accédons ensemble à l'événement traumatique. Il apparaît alors que l'agression avait eu lieu un jour de pluie, son agresseur portant un blouson de cuir mouillé : ses syncopes étaient déclenchées par l'odeur particulière du cuir mouillé ! Une désensibilisation olfactive potentialisera graduellement le travail thérapeutique de Catherine C., qui cessera rapidement de subir ses évanouissements intempestifs et pourra commencer véritablement une nouvelle vie.

Un intérêt majeur des traitements récents de la dissociation réside dans leur rapprochement aux derniers résultats de la neurobiochimie et de l'imagerie fonctionnelle. Car travailler avec le corps est une chose, comprendre ses mécanismes les plus intimes en est une autre… qui ne peut qu'aider le thérapeute et son patient sur cette voie difficile du changement. Comme le montrent Onno van der Hart et ses collègues, la thérapie vise la régulation émotionnelle du patient. Il est important de souligner, ici, qu'étant fondée sur des processus neurobiochimiques de niveau sous-corticaux, la thérapie de la Dissociation Structurelle de la Personnalité pourra être féconde même avec des clients qui ne sont pas dissociés : en effet, dans tous les cas l'acte thérapeutique fournit au cortex préfrontal l'information que le temps du traumatisme est passé, et que le présent ne recèle plus de dangers ni de menaces. Cette information – qui est d'une importance capitale dans l'expérience intime du patient – a pour effet de désactiver l'amygdale, un noyau sous-cortical du cerveau. Or, l'amygdale est le centre régissant la peur et le sentiment d'insécurité (que le patient soit dissocié ou non). Un sentiment d'insécurité souvent envahissant, parfois étouffant, qui n'est pas une erreur de la part du patient : autrefois, dans le temps du trauma, il était tout à fait approprié et correspondait à une facette pertinente de la réalité. Malheureusement, son effet principal a été de priver le patient de sa liberté de réagir, et donc tout simplement, de vivre sa vie au présent. Toute la thérapie est orientée vers ce moment salvateur du travail où le patient, soudain, va enfin réaliser que oui, oui... le traumatisme est bel et bien terminé, oui cette période affreuse de sa vie appartient bel et bien au passé ! « C'est terminé », deux petits mots anodins, mais pratiquement les deux seuls que le thérapeute rêve d'entendre de la bouche du patient !

La Psychothérapie Intégrative Corps-Esprit © ne néglige aucun aspect psycho-bio-somatique du traumatisme, et il ne pourrait en être autrement, en particulier lorsque le patient qui se présente dans mon cabinet n'est pas en demande de psychothérapie ! En effet il n'est pas rare que la demande du patient, lors du premier rendez-vous, ne relève pas d'un travail sur lui-même, mais d'une sorte de « coup de pouce technique » : il peut s'agir de la demande d'un conseil, voire d'une astuce pour traverser un bref moment de sa vie dans de meilleures conditions, mais le plus souvent, le patient se présente en étant dans l'attente d'un « coaching » pour parvenir à un objectif précis qu'il s'est lui-même fixé avant d'avoir consulté. Une de ces demandes fréquentes est l'arrêt du tabac.

Deux cas cliniques montreront ici comment se libérer de la cigarette, ou plus exactement de l'état qui lui est associé, grâce à une approche où le patient ne perd pas conscience, mais participe activement à son propre changement. Ce travail n'est pas orienté sur le symptôme mais sur l'état émotivo-cognitivo-comportemental et physiologique qui enferme le patient dans son addiction : la cigarette (et d'éventuelles autres compulsions) a pour rôle d'anesthésier cet état pour permettre au patient de continuer sa vie affective, sociale, professionnelle. Bien souvent le traitement permettra de dépasser la réduction de symptôme et d'approfondir l'aspect non verbal d'un problème sous-jacent dont le patient n'a pas toujours conscience : mon approche thérapeutique met donc particulièrement en valeur la polyvalence et le riche potentiel de l'hypnose, laquelle permet de traiter aussi bien les symptômes, que le terrain profond, y compris des trauma chroniques ou aigus.

Annabelle est une femme de 26 ans en fin d'études supérieures. Elle fume un paquet par jour depuis 3 ans. Sa joie de vivre est perceptible, elle semble active, battante ; quand elle fume, c'est en soirée, quand elle s'ennuie mais surtout, aux pauses qu'elle s'accorde pendant la révision de ses cours. Si elle ne peut pas fumer, elle ne fait pas de pause. En fait, elle n'est pas en demande d'une « psychothérapie », mais seulement d'arrêter le tabac ; son compagnon non fumeur joue un rôle important dans la motivation de sa démarche.

Après un premier entretien clinique approfondi, j'utilise un outil thérapeutique que j'ai développé dans le cadre de la T.I.C.E. © (Thérapie Intégrative Corps-esprit) : la prescription d'une lettre dissociative. Cette lettre thérapeutique va permettre à la PA.N. (Partie

Apparemment Normale de la Personnalité) du patient de s'adresser à une ou plusieurs de ses P.E. (Partie Emotionnelle) intrusives. De nombreuses P.E. peuvent émerger à cette occasion : il s'agit ici de donner à Annabelle l'opportunité inédite de s'adresser pour la première fois, par écrit, à ses personnalités dissociatives. La formulation précise de cette véritable prescription joue un rôle déterminant sur la qualité intégrative de l'approche : bien menée, la lettre thérapeutique se présente comme un espace dual où prendra forme l'ébauche du dialogue entre des personnalités tyranniques mais terrorisées et une ou plusieurs personnalités traumatiques remplies de l'espoir de guérir, sans maîtriser les rennes de cet objectif trop lointain.

Pour conclure la séance, je donne à Annabelle les instructions détaillées pour compléter cette lettre que nous avons commencée ensemble selon un protocole très précis. Je l'enjoins ensuite à prendre d'importantes dispositions avant notre prochain rendez-vous : elle ne devra se présenter à ma consultation qu'après avoir vidé et nettoyé les cendriers de chez elle, lavé ses vêtements et autres affaires de sorte qu'il n'y persiste plus la moindre odeur de tabac : car au retour de notre deuxième séance, l'odeur du tabac pourrait bien lui être devenue définitivement insupportable… À la fin j'insiste, surtout, sur une consigne inhabituelle et pourtant fondamentale, qui surprend la plupart des patients : Annabelle devra impérativement se présenter à la deuxième séance « en manque », c'est-à-dire dans un état aussi caractéristique que possible de la souffrance du sevrage tabagique, car notre travail utilisera son état d'activation comme tremplin vers le changement psycho-bio-somatique.

Entre le premier et le deuxième rendez-vous, Annabelle est invitée à relever toutes les circonstances qui vont déclencher en elle l'envie de fumer. Au moment où survient le déclenchement, elle a pour consigne de tenter d'y résister aussi longtemps que possible. Certains patients tiennent quelques minutes... d'autres à leur plus grande surprise, tiennent plusieurs jours et n'en reviennent pas ! Pour certains d'entre eux, c'est la première fois qu'ils découvrent leur propre limite et cette découverte est toujours très enrichissante pour eux comme pour la suite du traitement. Annabelle devra aussi noter (ou mémoriser) les effets de cette privation volontaire, à savoir les pensées, les émotions, les désirs ou les impulsions, toutes les images qui peuvent se présenter à elle lors de cette mise en expérience.

Annabelle se présente à la deuxième séance dans un état d'activation propice au travail efficace. De plus, elle apporte sa lettre thérapeutique que nous allons pouvoir lire ensemble. Comme je le pensais, de nombreuses PE se dévoilent à la lecture de ce texte : la patiente exprime son stress, « celui de ne pas y arriver et de ne pas être à la hauteur de mes ambitions ». Elle exprime les problèmes familiaux qui ont miné son enfance : « des parents divorcés et un frère qui n'était pas bien dans ses baskets », des circonstances qui l'ont poussée à fumer. Mais depuis, écrit-elle, « je n'ai pas pu avancer, j'ai perdu confiance en moi et mes angoisses ont été renforcées ». À cause de la cigarette, s'exclame-t-elle « mes pensées ont été trop négatives, et je me suis laissée aller, alors que je voulais faire de grandes choses ! ». Le tabac a altéré sa condition physique et surtout, sa volonté : « moi qui étais grande sportive, j'ai perdu la motivation et la force d'aller seulement à la salle de gym... plus de motivation, mais de la fainéantise ! ». Elle se surprend elle-même à se laisser aller « devant la télé » et écrit qu'elle en a perdu « la joie de vivre ». Mais étrangement, le ton de la lettre change sensiblement vers la moitié de la page. Les propos deviennent soudain plus optimistes et plus volontaires : « j'ai perdu beaucoup de temps... mais c'est terminé, j'ai réglé mes angoisses et mes peurs, tout va changer ! ». Elle continue : « je suis d'une famille où on prend sur soi, où on ne se décourage pas au moindre obstacle... je sais maintenant que je vais me retrouver comme je suis vraiment, une femme pleine de vie aux hautes ambitions ! et je vais réussir, je vais faire des projets et les réaliser jusqu'au bout ! ». Quelle progression au fil de cette lettre ! Annabelle s'est montrée particulièrement réceptive à cet exercice thérapeutique, ce qui va faciliter le travail en séance.

Je lui expose l'approche par « hypnose consciente » que nous allons explorer ensemble. Il est important à cette étape que le patient comprenne qu'il va jouer un rôle actif dans son propre changement, et qu'il ne perdra pas conscience. C'est Annabelle qui détient le pouvoir, et aucune influence ne viendra s'interposer entre ses propres désirs et son changement spontané. Mais pour ce faire, j'ai besoin de son accord, et je lui demande son autorisation explicite pour la conduire à arrêter définitivement le tabac, puis l'aider à construire une alliance inédite entre son ancienne P.A.N. et sa nouvelle identité de non-fumeur.

La lettre thérapeutique a délivré une mine d'informations et de nombreuses P.E. d'Annabelle sont apparues au grand jour : le stress, l'angoisse, mais aussi l'ambition et la confiance en elle. Ces informations nouvelles et riches permettent au praticien de réaliser un véritable travail d'orfèvre, entièrement sur mesure. Les patients ballotés de consultations en consultations depuis des années, découvrent ici, parfois incrédules, leur première accalmie. C'est à partir de cette deuxième séance que va pouvoir entrer en jeu l'acupuncture vibratoire ©, un outil thérapeutique que j'ai développé il y a plusieurs années. L'acupuncture vibratoire consiste à appliquer de légères pressions vibratoires sur certains points du corps qui ont une réactivité particulière. Cette technique est idéalement adaptée aux patients dissociatifs, à condition de l'assortir des consignes verbales précises qui potentialisent leur intégration corps-esprit. Car en effet il s'agit là d'une approche « bottom – up », mobilisant des ressources somatiques, non verbales, vers une meilleure intégration psychique qui permettra leur expressivité déclarative (ou verbale). À chaque phase de points spécifiques de pressions Annabelle exprime alors, naturellement, les images et les émotions qu'elle ressent. Les sensations corporelles la maintenant dans l'instant du temps présent, elle est doucement conduite vers la pleine conscience de son corps et de son psychisme qui tendent enfin vers l'unité reconstituée. Graduellement son système nerveux retrouve son équilibre : les noyaux centraux, l'amygdale et les circuits sous corticaux de l'alarme voient leur suractivation s'éteindre, tandis que le cortex préfrontal montre au contraire un dynamisme croissant. Annabelle sent monter en elle le dégoût de la cigarette. Elle ne se représentera qu'une fois à ma consultation, pour témoigner de son arrêt total du tabac.

Jennifer, quant à elle, est une femme de 34 ans qui fume un paquet par jour depuis 20 ans. Elle a essayé sans succès tous les substituts au tabac. Elle fume au petit déjeuner, au déjeuner, aux pauses de son travail et au dîner, mais pas à l'intérieur de chez elle, pour protéger ses deux enfants de 10 et 5 ans. Quand elle ne peut pas fumer, elle est saisie de panique, d'une « boule d'angoisse dans le ventre », ses mains tremblent ; elle déclare « je ne pense qu'à ça ». Quand elle n'a pas une cigarette à la main, elle témoigne : « je ne sais plus quoi faire de mes mains, je suis comme perdue... ». Elle non plus n'est pas en demande d'une « psychothérapie », mais par contre l'arrêt du tabac est bien sa motivation personnelle, et non celle de son conjoint. Ses jeunes enfants jouent un rôle néanmoins car ils ne cessent de lui répéter « tu vas mourir »... Chez Jennifer plusieurs P.E. apparaissent rapidement, car il n'est pas rare qu'elle rejette la cigarette tout en l'appelant à l'aide, et ce dans la même phrase. Elle signale d'ailleurs que fumer l'a réconfortée après le décès brutal d'un de ses proches, récemment.

Chez cette patiente fortement en conflit avec elle même, la lettre thérapeutique met à jour de nombreuses P.E. autour de l'excès, de l'angoisse et du manque. Au lycée, écrit-elle, la cigarette était « l'objet qui me permettait d'avoir un 'style' dans la cour... je pensais que j'avais quelque chose de plus que les autres ». C'est alors que sa consommation a beaucoup augmenté « de la petite cigarette que je fumais avec des amis, je suis passée au paquet journalier toujours présent dans mon sac et dont je peux plus me passer ». Jennifer ressent souvent le manque, « un stress m'envahit écrit-elle, une angoisse qui prend trop de place... alors mon comportement change, je deviens énervée, irritable, comme si quelqu'un d'autre habitait mon corps ». Elle témoigne souvent de se sentir divisée de l'intérieur, comme s'il y avait « deux personnes en elle » : de fines intuitions de Jennifer, qui ressent sans savoir le nommer l'état dissocié de sa personnalité. Ce qui ne simplifie pas le problème, c'est que Jennifer a un rapport presque « amical » à la cigarette « elle est toujours là pour moi, pour me calmer, pour partager de bons moments... mais aujourd'hui c'est une amie qui m'a trahie » écrit-elle. D'autre part, le tabac joue un rôle important dans les moments partagés avec ses amis : « j'aime fumer quand je discute ou que je prends un café avec des amis » exprime-t-elle.

L'approche multisensorielle de l'acupuncture vibratoire© va réussir à libérer de profondes émotions chez Jennifer, que son état d'activation rendait particulièrement intenses. La colère, le ressassement, la peur sont successivement exprimés à travers ses paroles, mais aussi tout son corps. Les comportements, les cognitions et somatisations qui en découlent seront profondément modifiés. À la fin de cette deuxième séance, Jennifer retrouve un calme intérieur qui l'avait quittée depuis des années ainsi que l'unité retrouvée de sa personnalité, qu'elle doit maintenant reconstruire autour de sa nouvelle identité de non fumeuse.

Il peut arriver que le nombre de séances soit plus important afin de traiter un problème sous-jacent ou un événement traumatique. Dans tous les cas, la cigarette sera remise à sa juste place, c'est-à-dire dans le passé : dès cet instant elle peut perdre – et perdra – toute sa fonction dans la vie du patient. Mais la T.I.C.E© n'est pas réservée à ces cas, et elle m'a été également très utile pour aborder des situations beaucoup plus complexes relevant de la psycho-traumatologie, tels que des Etats de Stress Post-Traumatiques (E.S.P.T.), des cas sévères de victimologie, des deuils retardés ou d'importantes séquelles d'accidents de voiture. Je voudrais vous présenter ici le cas clinique de Mercédès, dont la demande était toute différente des deux cas précédents.

Mercédès est une femme de 56 ans, enseignante, ayant 2 enfants d'un précédent mariage et un fils de 20 ans de son second mari. D'origine latine, elle a été officier dans son pays, ce qui n'est pas courant pour une femme. Elle est venue s'installer en France après avoir imposé le divorce à son premier mari : « je lui ai dit que je m'en allais, j'ai décidé comme un garçon » précise-t-elle. La raison de sa consultation est qu'elle souhaite pouvoir conduire à nouveau sa voiture. En effet, elle est devenue phobique de la conduite et n'a pas repris le volant depuis 5 ans. Elle me dit qu'elle est décidée à se « défaire de cette peur », qui lui résiste. L'entretien clinique va petit à petit dévoiler la dissociation de la patiente, et plusieurs personnalités qu'elle exprimera me mettront sur la piste d'un traitement déclinant la T.I.C.E.© autour de différents outils thérapeutiques. Mercédès est migraineuse depuis son enfance, et la douleur s'est récemment aggravée jusqu'à en devenir insupportable par moments. Elle subit aussi des vomissements fréquents et surtout, de régulières pertes de connaissance. Tous ces symptômes sont médicalement suivis depuis des années, sans succès : Mercédès a vainement accumulé les médecins, les traitements et les consultations.

Lors de notre première séance, je me concentre sur une P.E. qui s'exprime spontanément en elle, et lui fais préciser ce qu'elle ressent quand elle conduit ou essaye de conduire. Elle témoigne de stress et d'une intense transpiration. Mais à ce moment, elle dit aussi : « je ne sais pas pourquoi j'ai peur comme ça, car j'ai conscience de conduire assez bien... ». Cette P.E. de « peur » constituera un axe majeur de mon approche. Mais la seconde personnalité qui vient ainsi de faire irruption contraste fortement avec la précédente, car elle est calme et rationnelle. Elle est vite effacée par le retour des angoisses de la première, qui déclare alors « j'ai l'impression que je vais tomber en arrière et provoquer une catastrophe » ;

cette ancienne militaire redoute même de « tuer quelqu'un ». Je l'invite à évaluer sa peur sur une échelle de 1 à 10 : elle lui donne un score de 8,9/10. La fin du premier entretien livrera une importante pièce du puzzle : Mercédès a 4 sœurs dont aucune ne conduit et dans sa famille, ne pas conduire est presque une caractéristique de la féminité... De ce point de vue, conduire à nouveau serait pour elle comme renoncer à sa seule part de féminité, en un mot : repousser ce qu'elle possède de femme.

Plusieurs P.A.N. et P.E. ont déjà pu s'exprimer lors de ce premier entretien : la souffrance, bien sûr, mais aussi la réussite, le courage. L'une d'elle semble toutefois dominer les autres, celle de l'autorité : dans sa vie privée comme dans sa vie professionnelle, rien n'a pu résister à cet officier de l'armée qui a toujours tenu un rôle masculin, celui de leader. Tout lui a toujours obéit. Tout sauf sa migraine. Cette P.E. est la seule qui persiste à la défier, la seule qui résiste à la P.A.N. de Mercédès. Le traitement que j'envisage à la fin de cette première séance passe par la prescription de la « lettre dissociative », dans laquelle la PA.N. de Mercédès va pouvoir correspondre avec une ou plusieurs P.E. intrusives, et par ce biais, les mettre à jour pour la prochaine séance.

Les instructions détaillées que je donne à Mercédès pour compléter cette lettre thérapeutique vont lui permettre, jusqu'à la deuxième séance, de préciser ses sensations corporelles, ses émotions, ses désirs, soit en imaginant la situation traumatique (conduire sa voiture) soit en se mettant réellement dans cette situation, avec l'aide d'un proche éventuellement. Certains patients n'écrivent que quelques mots, d'autres produisent plusieurs pages ; dans tous les cas, ces précieuses lignes permettent au thérapeute de plonger plus profond encore au sein des P.E. des patients, qui sont si souvent contradictoires. Ainsi chaque lettre doit réaliser un véritable « sur mesure » prenant en compte jusqu'à l'éducation, la culture, et même les facteurs intergénérationnels du patient. L'un des écueils les plus difficiles à éviter est de faire de la suggestion sans s'en rendre compte. Les propositions doivent rester ouvertes et c'est à Mercédès d'écrire sa propre histoire. C'est elle qui doit décider, c'est elle qui a le pouvoir : la « toute puissance », si elle s'exprime, doit toujours rester du côté du patient. Chaque entretien s'apparente à un apprentissage que le thérapeute ne fait que guider, et il n'est pas rare que surgissent alors de nouvelles P.A.N. et P.E.

La deuxième séance a lieu 15 jours plus tard. La lettre que me remet alors Mercédès est relativement courte, mais très instructive car plusieurs nouvelles P.E. sont apparues. Elle mentionne, par exemple, que ne plus conduire sa voiture l'a dégagée de l'obligation de faire les courses, que sa famille fait maintenant à sa place : cette P.E. « enfant », et bien d'autres, une fois révélées par la lettre, seront toutes prises en charge dans la suite de l'intervention thérapeutique. Mais c'est véritablement la P.E. « peur » qui prend maintenant une importance majeure. La patiente témoigne d'une intense appréhension : « que va-t-il m'arriver ? que faire ? »… J'insiste sur le fait qu'elle ne va pas perdre conscience : il s'agit « d'hypnose consciente » où je n'exercerai sur elle ni influence, ni suggestion. Je n'imposerai pas ma vision du monde, car ceci est une question d'éthique de la profession. Au contraire le travail visé consiste à réactiver les circuits neuronaux inhibés par le trauma, à ramener la patiente dans l'ici et maintenant. Comme il y a plusieurs parties de son corps qui « s'expriment » - c'est-à-dire plusieurs P.E., nous allons utiliser « celle qui parle le plus ». Chez cette patiente migraineuse, je fais bien entendu allusion à sa tête, siège d'un symptôme majeur, la douleur. J'expose maintenant à la patiente le détail de la procédure thérapeutique qui sera suivie lors de cette séance : « je vais m'asseoir à côté de vous, donc nous serons assis côte à côte. Ensuite je poserai mes deux mains au niveau de votre tête et pratiquerai des pressions légères et douces exactement adaptées à votre situation : à chaque phase vous serez invitée à exprimer naturellement vos pensées, émotions, sensations (désirs), et toutes images qui pourront se présenter, etc... ». Je sollicite son autorisation pour lui faire d'abord une démonstration du procédé. Ensuite je lui demande de se concentrer intensément sur sa peur et sur les associations qu'elle produit en elle ; c'est à ce moment que nous commençons un test d'auto-biofeedback : la patiente étant en pleine activation, cette approche non verbale aide efficacement à déterminer les émotions qui l'assaillent de manière inconsciente, ainsi que d'autres P.E. qui restent à identifier. Mercédès n'en revient tellement pas qu'une nouvelle P.E. saisit cette occasion de s'exprimer : « j'ai besoin de comprendre » insiste-t-elle ! Le moment est le bon pour entamer un deuxième cycle de d'acupuncture vibratoire© qui, cette fois, va prendre en compte cette nouvelle P.E. A la fin de ce cycle, Mercédès a du mal à se reconnaître elle-même : la voilà tout à fait apaisée, elle témoigne d'un état d'être « tranquille », et pour elle, c'est la première fois depuis des années !

À ce moment il est très important que les patients commencent un apprentissage souvent complexe pour eux, l'apprentissage de cette nouvelle tranquillité qu'ils connaissent si mal, dont ils ont si peu l'habitude (parfois aucune habitude), et que bien souvent ils ne savent pas appréhender spontanément. C'est la phase de l'intégration de la personnalité qui commence, une phase cruciale malgré tous ses écueils. Plusieurs approches différentes peuvent être envisagées à ce moment. L'essentiel est de toujours garder à l'esprit, comme un leitmotiv, que le thérapeute doit rester parfaitement à l'unisson de son patient, grâce aux indices corporels qu'il sait lire en lui, et surtout – on ne le répétera jamais assez – ne rien lui imposer, ne provoquer aucune influence ou suggestion : tout ce qui émerge doit émerger du patient lui-même, qui reconstruit son propre Soi sous nos yeux. C'est pourquoi j'invite Mercédès à décrire, avec ses mots à elle, cette tranquillité qui la surprend tellement, mais qui envahit délicieusement son corps d'où s'éloignent toutes notions de lutte et de combat : dans quelle partie de son corps cette tranquillité s'exprime le plus, le rapport qu'elle établit avec son sentiment de sécurité, quelles pensées lui viennent avec sa nouvelle tranquillité... difficile éducation où Mercédès doit maintenant apprendre à ressentir aussi bien dans son corps que dans son esprit, cet état nouveau et presque inconnu en elle, accéder à la pleine conscience de tout ce qu'il représente dans le temps présent, le temps du calme retrouvé.

Quinze jours ont passé, et notre troisième rendez-vous confirme de façon éclatante la disparition de la peur ancrée en Mercédès, et l'intégration à sa P.A.N. de ces P.E. délétères qui portaient en elles toutes ses appréhensions, ses ruminations, ses doutes. Elle se dit sereine et calme et ses céphalées ont largement diminué également. Sa migraine fait place petit à petit à de simples « lourdeurs » de la tête : « c'est comme si je portais ma tête » témoigne-t-elle. Cette séance va nous permettre de travailler plus en profondeur sur les P.E. qui se sont déjà exprimées, ainsi que sur les P.E. qui ne se sont pas encore exprimées. Parmi celles-ci l'une commence à prendre de l'importance : la P.E. « fumeuse » (1 paquet par jour). Mercédès établit un lien entre ses céphalées et sa consommation excessive de tabac : il est donc temps d'explorer cette voie et de permettre à toutes les P.E. d'entrer en communication et de construire un dialogue inédit, sur la voie de l'intégration d'une personnalité de moins en moins fragmentée. À l'issue de cette séance, Mercédès témoignera de se sentir encore plus tranquille. Elle m'annoncera par téléphone qu'elle a arrêté le tabac et qu'elle conduit régulièrement sa voiture. Sur sa demande, nos rendez-vous prennent fin à ce moment.

L'intégration psycho-bio-somatique de la personnalité compulsive ou traumatique, que préconisait déjà Pierre Janet au début du 20ème siècle (Les névroses, 1909), est une approche au vaste potentiel curatif. C'est dans ce cadre que la T.I.C.E.© déploie des outils thérapeutiques éclectiques dont l'hypnose et les modes hypnotiques sont un important soubassement conceptuel. Les résultats obtenus par cette approche évitent scrupuleusement la suggestion : ils sont des acquis pour le patient et lui appartiennent entièrement : c'est ce qui garantit à la fois leur robustesse et leur pérennité.

CHAPITRE V.

Guérir... nous le pouvons tous !

AZ : comment revivre (psychologiquement) après une explosion

AZ est une femme de 51 ans qui a survécu il y a un an à une explosion au gaz survenue à son ancien immeuble, dans l'appartement du dessous. Un violent incendie a suivi et les dégâts matériels ont été considérables ; son voisin (qui était un de ses amis) y a perdu la vie. Elle-même a subi des blessures et des brûlures et une grande terreur au moment de l'événement. Depuis, bien qu'elle ait pu reprendre son travail et mener sa vie en autonomie, elle est restée en état de choc post-traumatique. Elle vient au cabinet pour être soulagée des symptômes qui gâchent sa vie depuis une année. Je soupçonne assez vite qu'un problème sous-jacent retarde peut-être la disparition naturelle de ses symptômes traumatiques.

AZ est confortablement installée sur le fauteuil, le travail peut commencer. Je lui demande quelle est la sensation qui est la plus associée à son problème. Elle m'indique, non une sensation, mais un organe : le cœur. Ses mains se contractent sur l'accoudoir du fauteuil. « Quelle est votre sensation au niveau du cœur, dis-je, est-il pesant, lourd ? Ressentez-vous comme des coups, ou une pression ? » Elle prend une longue respiration puis répond qu'elle le sent extrêmement lourd, mais surtout chaud, trop chaud, comme en feu. Quand elle pense à l'explosion, c'est son cœur qui le ressent : « c'est comme si une boule de métal en fusion envahissait ma poitrine », dit-elle. Ensuite, cette chaleur se diffuse à tout son organisme, un peu comme la lave d'un volcan dévale la pente et inonde la vallée de ses torrents de feu. Je focalise son attention sur l'idée de l'explosion et surtout, sur cette sensation de chaleur qui prend naissance dans sa poitrine au niveau de son cœur, puis s'étend à ses autres organes. AZ est intensément activée, maintenant elle a fermé les yeux sans que je lui demande ; ses sourcils sont froncés. Toutefois elle n'est pas submergée, et parvient à supporter ses sensations pénibles et angoissantes ; elle répond avec lucidité à mes questions ; je prends soin de la maintenir rigoureusement à l'intérieur de sa fenêtre de tolérance. La sensation est là, quoique maîtrisée ; le corps s'exprime et les noyaux sous-corticaux de la patiente dévoilent – sans le libérer encore – l'énorme réservoir d'énergie qui la retient prisonnière : une PE puissante et rebelle qui n'est pas prête à se laisser apprivoiser.

Dans l'approche somatopsychique ascendante, c'est maintenant qu'il convient d'établir la connexion avec la sphère cognitive. C'est ainsi que, pour la première fois, la PAN pourra tenter d'entrer en communication avec la PE : une étape incontournable sur le chemin de la réunification de cette personnalité dissociée. Profitant de son activation somatique, je lui demande : « existe-t-il un symbole qui vous donne envie de pleurer ? Une couleur, un objet, un animal… » ; je parle lentement, très distinctement, et je laisse de longs silences entre mes paroles. « Oui, répond-elle, l'éclair, la foudre… ». Son activation est maximale, il faut maintenant relâcher un peu cette tension. Je lui demande alors quel serait, selon elle, l'antidote à ce symbole négatif, le contre-poison de la foudre, de l'éclair, son opposé. Je la vois se détendre à mesure qu'elle commence à dé-focaliser son attention du symbole traumatique qui occupait son corps et son esprit. Ses yeux sont toujours fermés, mais ses mains sont moins crispées sur les accoudoirs. Elle se met alors à murmurer quelques mots : « fraîcheur... un lac, tranquillité... eau claire... ». Tout son corps semble envahit de cette douce fraîcheur. Je saisis ces précieuses émanations somatiques pour les associer immédiatement aux informations cognitives : si la tentative réussit, il s'agit alors d'un nouveau contact entre la PAN et la PE, qui apprennent à partir de maintenant à entrer en communication : « et votre esprit, quelle image, quelle idée lui vient-il devant ce lac d'eau fraîche et tranquille... ? ».

Je vais m'aider de la méthode des cycles, une approche fondée sur la répétition de séquences opératoires intégratives, chaque série permettant de réassembler un peu plus les fragments de l'unité somatopsychique brisée. J'utiliserai aussi des injonctions paradoxales pour amorcer l'intégration de ses parties de personnalité dissociées. AZ répond qu'elle ressent un sentiment de plénitude, des mots lui viennent comme des murmures « paisible, doux... », c'est sa PAN qui s'exprime. C'est le moment de la connecter à son corps : « quelle est la partie de vous qui ressent le mieux cet état de douceur... même un minimum... ? ». Ce langage très simple, que tout patient peut comprendre, est ce que j'appelle le « langage du cerveau » : il s'agit d'un outil extrêmement efficace pour communiquer avec les parties dissociées de la personnalité, sans aucun risque d'imposer des suggestions. Après un assez long silence, AZ murmure « mon front... ». C'est là une information capitale, qui ouvre soudain une vaste avenue à son rapide rétablissement : sa PE s'exprime donc au niveau de son cœur, sa PAN au niveau de son front. Enrichie de ces précieuses données, c'est maintenant que l'approche somatopsychique va pouvoir se déployer, et la T.I.C.E.© montrer toute sa puissance...

Pour préparer ce travail, une phase de biofeedback avec AZ me permet d'étalonner l'outil que je vais utiliser dans quelques minutes : je lui demande de tenir ma main sans la presser entre son pouce et son index gauche, qui forment un anneau, et l'enjoins alors à répéter après moi « je m'appelle AZ, je suis habillée en bleu ». Elle répète cette phrase anodine qui n'exprime que la réalité et je ne note aucune modification de la pression de ses doigts sur ma main. C'est alors que je l'enjoins à répéter après moi « je m'appelle Alice, je suis habillée en vert ». Elle répète cette phrase qui est fausse, et cette fois la pression de ses doigts sur ma main augmente brièvement, étalonnant du même coup mon outil somatopsychique. Nous répétons plusieurs fois ce cycle, qui mobilise la PAN et la PE sans les activer fortement, tout en douceur. Ceci prépare la communication mutuelle des parties dissociées, étape indispensable à leur prochaine réintégration en une personnalité réunifiée.

Après une dizaine de cycles, je demande à AZ : « Quel est votre principal objectif pour cette séance ? », « me libérer de ce qui me colle » répond-elle doucement, en maintenant ses yeux fermés. Cette formulation me fait penser, en effet, à l'agression que son accident a infligé à son enveloppe, à sa peau, mais m'évoque aussi des souvenirs sous-jacents peut-être plus anciens ayant été réactivés par cet événement. Ces explorations verbales doivent maintenant être complétées par leur versant somatique. Je lui demande l'autorisation de toucher son bras ; elle accepte. Alors je pose ma main sur la sienne, je monte très lentement son bras vers la base de son épaule, et lui propose simultanément le travail suivant : « je vais vous demander de faire quelques mouvements de balançoire... mais une balançoire interne. Vous irez lentement, à votre rythme, de votre cœur à votre front, puis de votre front à votre cœur. Pour commencer, concentrez-vous sur votre cœur, et sur cette sensation de chaleur, de foudre. ». Je parle très lentement, et lui laisse le temps de parvenir à cet état de haute activation. Ses sourcils se plissent, sa main se contracte, sa respiration s'accélère. « Pouvez-vous me dire, sur une échelle de 1 à 10, quelle est votre douleur... ? ». Elle répond 8 en montrant effectivement tous les signes d'un réel malaise, quoiqu'elle maîtrise encore la situation. Pour assurer qu'elle se maintienne dans sa fenêtre de tolérance, je lui demande alors d'ouvrir les yeux. Ce qu'elle fait ; ce retour au présent, que je lui impose inopinément, a l'effet bénéfique de diminuer immédiatement son malaise. Je lui indique alors de « remonter vers son front, doucement, et de prendre le temps de ressentir la fraîcheur » qui l'envahit à nouveau, et apaise tout son organisme. Elle ferme les yeux à nouveau. Je parle lentement, évoquant quantité de concepts positifs pour AZ « connaissez-vous un lac d'eau fraîche et calme ? concentrez-vous sur ce lac... », puis lui indique alors « Dès que vous y parvenez, faites-moi un signe du pouce ». Elle parvient bientôt à un état de sérénité retrouvée et me fais signe du pouce.

« Maintenant vous allez pouvoir commencer le va-et-vient, vous monterez doucement vers votre front, doucement... puis vous redescendrez vers votre cœur et recommencerez, comme sur une balançoire... Dès que vous serez prête vous pourrez commencer ; prenez tout votre temps... ». Quelques secondes plus tard elle commence l'exercice. Sa personnalité dissociée va amorcer son premier mouvement de réunification depuis son accident. Sa PAN et sa PE vont enfin entrer en communication, son esprit et son corps vont se reconnecter au bassin d'énergie somatopsychique qui bouillonne au fond d'elle, prisonnier. Je poursuis mes paroles douces, rassurantes « faites ce mouvement de va et vient, l'aller, le retour... aidez-vous de votre respiration... ». C'est en suivant cette procédure qu'AZ va pouvoir découvrir ce dont ont besoin les « cellules d'elle-même » : « vous découvrez petit à petit ce dont les cellules de vous-même ont besoin... ». Cette formulation est très importante : elle réalise une synthèse des plans somatique et psychique, puisque ces « cellules d'elle-même » ne sont évidemment pas de simples cellules vivantes de la biologie, ni non plus des entités purement spirituelles. La dissociation des fonctions qui perturbe la vie de la patiente entame sa réduction à mesure qu'AZ est enfin capable de se concentrer sur la réunification de ses sensations et des images qui surgissent à son esprit. Il est d'ailleurs temps de l'aider... après qu'elle ait réalisé une dizaine de balancements internes de son cœur à son front, je reprends mon rôle de guide sur ce chemin vers le mieux-être : « que notez-vous sur ce chemin, que vient-il ? des images, des sensations... ? » ; « il me vient des sensations, répond AZ... c'est au sommet de mon crâne... c'est comme une calotte... comme si une partie de mon crâne s'était détachée du reste... c'est douloureux, ça 'cogne' » ; à ce moment il est important de surveiller que l'activation de la patiente ne dépasse pas son seuil de tolérance. Pour diminuer son activation je lui réponds alors « ressentez-vous bien votre pied sur le sol ? ... quelles sensations vous viennent ? » ; elle répond « oui... c'est froid et lourd, j'ai les pieds comme ancrés dans le sol... comme un scaphandrier » ; à ce moment j'observe qu'elle est bien ouverte à l'ici et maintenant, que sa conscience est bien dans le présent de la situation. Je lui demande alors d'évaluer sa souffrance sur une échelle de 1 à 10 : elle répond 4. Je lui demande « et 4 est-ce mieux que 8, pour vous ? » ; « oui répond-elle en esquissant un léger sourire » : les informations en provenance de son corps sont en train de s'intégrer au niveau cognitif, et ses aires frontales s'associent avec ses sensations somatiques. Sa dissociation est en pleine réduction : c'est le moment de commencer un nouveau cycle de balancements internes.

Ces pendulations doivent être lentes, « prenez le temps d'expérimenter ce processus », lui dis-je. Mes paroles simples et neutres l'accompagnent sur le chemin, sans mobiliser son attention : AZ reste entièrement concentrée sur sa propre expérience intime, et mène en autonomie son trajet sur la voie de la réintégration somatopsychique. Elle seule préside à son propre changement, le changement qui va enfin la soulager de son traumatisme. Ce cycle arrive à sa fin « pouvez-vous me dire ce que vous remarquez… des sensations, des idées… ? » ; AZ répond alors « je suis comme un oiseau au dessus du lac… la personne qui a été brûlée, ça n'est plus moi… » ; elle répète encore « la personne brûlée, ce n'est plus moi… ». à l'issue de ce nouveau cycle, je lui demande d'évaluer une nouvelle fois sa souffrance sur l'échelle de 1 à 10. Elle répond « j'aurais envie de dire 2, mais je ne suis pas sûre d'y croire… » - « n'essayez surtout pas d'y croire ! » lui dis-je ; j'utilise ici une injonction paradoxale qui va potentialiser son mieux-être. Il est temps maintenant de renforcer la connexion entre les sensations de AZ, tout son corps et ses opérations cognitives. Je lui demande si elle « m'autorise à toucher un point sensible » de son corps (situé à la base de son thorax), ce qu'elle accepte. Elle a ouvert les yeux à nouveau.

Répétez avec moi, lui dis-je « je m'accepte et je m'aime pleinement avec cette problématique... même si je n'y crois pas ». En même temps j'effectue de petites percussions sur ce point sensible de son corps. Cette technique d'acupuncture vibratoire, que j'ai développée pour potentialiser ma méthode ascendante (bottom-up), a des effets directs sur la connexion du patient au présent, sur le maintien de sa vigilance et donc, sur l'intégration de sa personnalité en voie de réunification. AZ répète d'abord en riant ; elle répète une seconde fois, le sourire est toujours sur ses lèvres, car il y a en elle une PE qui « n'y croit pas » ; elle répète encore et ne trouve plus vraiment matière à rire : sa PE traumatique semble s'estomper, et fusionner avec sa PAN dans une nouvelle harmonie.

Cela fait 25 minutes que cette séance est commencée, et les progrès de AZ sont spectaculaires. Elle est beaucoup plus détendue qu'au début, elle a déjà fait une bonne partie du chemin long et ardu vers l'unité retrouvée de sa personnalité dissociée. La situation est propice pour un nouveau cycle de pendulations intérieures. AZ ferme les yeux et je guide son cheminement à l'aide de paroles douces et lentes s'adressant alternativement à sa PAN et à sa PE, pour stimuler le va et vient qu'elle dirige. À l'issue de ce nouveau cycle, mes questions dévoilent un important changement chez AZ « je ressens la même sensation au niveau du crâne, mais ça a diminué, l'étau est beaucoup moins serré... » ; je renforce sa progression en répétant ses paroles « oui... l'étau est beaucoup moins serré, très bien... ». Un dernier cycle me semble nécessaire avant de clôturer cette séance, dans lequel AZ s'engage maintenant pleine de confiance. À la fin de son travail, je lui demande « Que notez-vous ? ». Elle apparaît très détendue et me répond « je vois l'image d'un oiseau... ». Sur l'échelle de souffrance, elle affirme maintenant qu'elle est bel et bien à la valeur de 2 !

Il est temps de préparer la sortie de séance, en profitant des derniers moments de son état d'activation. Je lui propose que nous en discutions ensemble : « il nous faut trouver une possibilité de sortie... prenez tout votre temps... il y a différentes possibilités... », je propose alors « il y a une sortie par le haut... il y a une sortie par le bas..., que préférez-vous » - « je préfère par le bas ». à ce moment un mouvement involontaire agite violemment son bras gauche pendant un instant. Est-ce une PE de défense ? d'attaque ? Est-ce une réaction inachevée que trahit une problématique sous-jacente non encore explorée ? Je laisse ces questions en suspens pour accompagner AZ vers la fin de notre rendez-vous. « Vous souhaitez trouver une porte de sortie par le bas, très bien, lui dis-je, vous allez donc faire ce mouvement très, très lentement » : mon bras a le geste d'enfoncer quelque chose de résistant vers le bas. Elle se met à effectuer le mouvement, et ce « quelque chose » lui résiste ; ce geste lui demande visiblement un effort sérieux : AZ est en train de réaliser enfin la connexion de son corps au réseau neuronal qui avait été figé lors de son accident !

À l'issue de cette séance, AZ me témoigne un soulagement si profond qu'elle a l'impression de renaître à la vie, une seconde fois. Quelques semaines plus tard, elle m'appellera pour me dire que sa vie a été totalement bouleversée depuis notre séance, qu'elle a retrouvé tout l'entrain qu'elle avait perdu, toute la confiance qui l'avait quittée. Elle commence aujourd'hui une nouvelle existence dans la joie sereine de l'unité retrouvée.

Maltraitance sexuelle et psychologique : la renaissance de Violaine

Violaine est une jeune femme de 23 ans, fille unique, en fin d'études supérieures qui se présente à mon cabinet après une longue série de consultations médicales n'ayant abouti à aucun diagnostic organique, et après avoir mis fin à deux ans de thérapie psychanalytique. Elle m'annonce dès le début sa désillusion de la psychothérapie : « je vous préviens, en face à face ça n'avance plus, maintenant... ». Elle a connu quelques épisodes d'anorexie dans son enfance, mais peu soutenues et rapidement résorbés. En revanche, elle subit depuis 5 ans une anorexie beaucoup plus grave, par crises intenses. Elle la combat par sa volonté : « je ressens de l'appétit mais cela ne passe pas... je me force à manger », témoigne-t-elle. Elle ajoute « j'ai une douleur dans le ventre, tout me dégoûte... j'ai perdu ce qui incite à la vie » ; elle précise aussi qu'elle souffre de fréquentes céphalées. Mais ce n'est pas tout. Violaine souffre aussi d'une forte douleur vaginale, chronique depuis deux ans. Cette douleur semble liée à une contraction permanente du périnée. Cette jeune femme sensible et intelligente a déjà fait le rapprochement entre sa vaginite et son anorexie : elle m'explique que « dans un cas comme dans l'autre, mon corps me dit non même si ma tête a envie ». Un symptôme dissociatif clairement exprimé, qui ne tardera pas à être confirmé par la manifestation de plusieurs PE au sein de cette personnalité divisée.

Dès notre premier rendez-vous, le tableau clinique de la patiente offre d'importantes informations. Violaine me confie la pression que sa mère a longtemps fait peser sur elle. Elle la surveillait tout le temps ! et ceci a duré bien au-delà de ses 18 ans. Aujourd'hui, Violaine a toujours à l'esprit « ce qu'en penserait ma mère, ce qu'elle me ferait comme remarque si elle était là ». Elle avoue « je ne sais même plus ce qui me ferait plaisir ». Cette jeune femme pourtant pleine de charme a une vision très négative de son corps, elle ne s'accepte pas telle qu'elle est... à tel point que l'an dernier, elle a eu recours à la chirurgie esthétique : elle s'est fait remodeler le nez. Hélas, comme j'aurais pu le prédire si je l'avais connue à cette époque, ceci n'a rien modifié de la perception qu'elle a de son physique, invariablement défavorable, et que rien ne semble vouloir changer... « Dans un miroir, ça n'est pas moi » dit-elle, laissant ainsi la parole à une PE angoissée. Violaine m'explique que son malaise se manifeste surtout au niveau de son ventre. La douleur, en touchant la zone du muscle du diaphragme, va jusqu'à gêner sa respiration ; « ça me coupe complètement l'appétit... surtout quand je suis seule » précise-t-elle. Elle témoigne aussi de tensions dans tout son corps et de maux de tête. « Bien souvent, me confie-t-elle, ma vie n'a pas de sens ; je me sens toujours seule ». Comme je lui demande si elle dort bien, elle me précise qu'elle a parfois un peu de mal à s'endormir, mais que son sommeil est correct. Elle aurait plutôt des difficultés à se lever, le matin, à dormir trop. Interagir avec des hommes redouble ses angoisses et ses douleurs. Une situation qui s'est soudainement aggravée quand, il y a deux ans, un petit ami l'a pratiquement violée « je ne voulais pas et il a insisté... j'ai pleuré de douleur ».

En me confiant cet épisode douloureux, Violaine baisse les yeux, assaillie de honte. Elle prend une profonde inspiration et murmure alors « et puis... ». Je n'ai pas bien entendu, et lui demande de répéter. C'est là qu'elle va me confier des souvenirs particulièrement éprouvants. « Quand j'étais petite on me confiait très souvent à ma grand-mère. En fait, avant mes 7 ans je pense que j'ai été plus élevée par ma grand-mère que par mes parents… J'habitais chez elle presque toute la semaine ». Je l'écoute et l'encourage à poursuivre. « Eh bien, pendant la toilette du soir, dans la salle de bain, ma grand-mère…»… elle ne peut pas continuer, sa respiration accélère ; le regard rivé au sol, elle hausse plusieurs fois les épaules et soupire. « Nous continuerons la prochaine fois si vous préférez ». À peine ai-je prononcé ces paroles qu'elle peut enfin se libérer : « ma grand-mère avait des gestes que je ne comprenais pas… son doigt… je ne sais pas pourquoi elle faisait ça, ça me faisait mal et je ne disais rien… J'ai subi ça jusqu'à mes 7 ans ». Une mère peu présente, sévère à l'excès et envahissante quand elle est là… une grand-mère qui abuse plusieurs années de sa petite-fille, les troubles de Violaine s'éclaircissent peu à peu. À l'issue de cet entretien clinique approfondi, Violaine convient avec moi que sa situation actuelle évoque surtout un « blocage ». Violaine éprouve un blocage alimentaire, un blocage sexuel, un blocage physique, et finalement un blocage dans sa vie, qui ne peut plus évoluer normalement.

Il est temps maintenant de commencer le travail. J'engage Violaine à se brancher sur son problème et à focaliser dessus toute son attention. L'intervention dure peu de temps et ne fatigue pas le patient. Elle peut être répétée par cycles. Les céphalées récurrentes de la patiente m'orientent vers une intervention de type « ostéopathie fonctionnelle », spécifique des troubles dissociatifs. Concentrée sur ses souffrances, je demande à Violaine d'évaluer sa douleur sur une échelle de 1 à 10. Elle indique 7 sur 10. Je lui demande alors ce qui lui vient comme perception, comme pensées ou image, comme désir, comme émotion, comme sensations corporelles. Elle exprime une vive douleur vaginale « c'est comme si c'était à vif » dit-elle. Ses agitations des doigts me signalent qu'elle est dans un état de forte activation. Je la maintiens dans sa fenêtre de tolérance en lui demandant « qu'attendez-vous de votre prochain mieux-être ? » - « j'aurai enfin l'esprit libre, je serai plus spontanée, je serai paisible ». Comme elle évoque ces évolutions positives, son agitation diminue. Nous pouvons alors continuer. Je lui demande sur quelles parties de son corps porte plus précisément sa douleur actuelle. Elle répond que sa douleur va du pubis au sternum, soit pratiquement tout l'abdomen. Une injonction paradoxale va – comme souvent – produire une intéressante réaction de la patiente. Elle qui souffre de douleurs intenses en raison d'une contraction incontrôlable du périnée, je lui demande « maintenant vous allez contracter le périnée, puis relâcher, puis recommencer… allez-y ». Violaine, surprise de cette demande, fait un effort visible pour y arriver… et ça marche ! Pour la première fois depuis des années, elle vient de contrôler – un bref instant – la contraction de son périnée ! Une intense fierté s'empare d'elle et elle ressent bientôt un profond apaisement général tel qu'elle n'en avait encore pas connu. Nous cessons alors les cycles de focalisation et passons à l'organisation de la prochaine séance.

Car en effet, muni des précieux renseignements cliniques que m'a confiés Violaine, et que m'a livrés cette première séance de travail avec elle, je vais pouvoir adapter « sur mesure » un outil thérapeutique que j'ai développé dans le cadre de la T.I.C.E.© (Thérapie Intégrative Corps-esprit) : la prescription d'une lettre dissociative. Elle devra me rendre cette lettre à la prochaine séance, dans 15 jours. Cette lettre thérapeutique permet à la PAN d'entrer en contact avec les parties dissociatives (PE). Les instructions précises que je formule permettront à Violaine de commencer ce travail de potentialisation en vue de son intégration corps-esprit : car les douleurs et les contractures qu'elle ressent s'adaptent idéalement à cette approche « bottom – up » centrée sur les ressources somatiques...

Violaine se présente à la deuxième séance avec sa lettre dissociative. Un texte détaillé et créatif, non dénué d'humour, où plusieurs PE se manifestent clairement. Elle me la remet d'un air détendu, avec un sourire. Nous la lisons ensemble, à haute voix.

« Malgré des visites répétées chez plusieurs médecins, il a fallu me rendre à l'évidence : j'ai mal et aucune raison médicale ne peut l'expliquer... J'ai peur maintenant de la réaction des gens. Depuis un an, j'ai très peu d'appétit, manger est souvent une épreuve ; j'ai maigri de 10 kilos. Tel qu'il est aujourd'hui mon corps ne me plait pas, il n'est pas harmonieux, il est décharné, je n'ai plus de formes, je ne me sens plus désirable. Trois collègues ont deviné mon anorexie... Je me sens amputée, amoindrie, sans féminité ; je me sens asexuée, insignifiante, comme transparente. J'ai perdu le peu d'estime de moi qui me restait : maintenant mon corps m'échappe et me trahit.

Je me suis toujours sentie mal dans mon corps. Le regard des autres m'est pénible. Quand ils m'ignorent je me sens rejetée, quand ils me rejettent vraiment je n'ai plus envie de vivre. Ma mère méprisait le corps et glorifiait l'esprit, mon père au contraire vénérait le corps. J'ai grandi tiraillée entre ces principes contradictoires ;

cela fait de moi une personne divisée, dissociée. Je suis comme un piano désaccordé. »

Après cette lecture, Violaine tient à me dire que sa douleur et ses contractions musculaires ont largement diminué ; son appétit a progressé lui aussi. Je lui demande de se concentrer sur sa douleur, puis de l'évaluer de 1 à 10. Elle m'indique un score de 5, soit 2 points de mieux que la première fois. Nous engageons alors une discussion sur ce qu'elle ressent. Depuis la dernière séance, des doutes et de nouvelles angoisses sont apparus : « j'ai peur de ne pas comprendre » avoue-t-elle. Il en est souvent ainsi chez des patients qui ressentent subitement leur premier soulagement depuis des mois, voire des années, sans pouvoir l'expliquer, sans savoir encore comment l'intégrer à leur Moi. Ces angoisses sont des parties intégrantes de la suite du traitement. Mais d'importantes données restaient encore dans l'ombre : à la faveur de son mieux-être, Violaine ne tarde pas à se remémorer de nouveaux souvenirs restés enfouis dans sa mémoire depuis son enfance. Petite, ayant mouillé sa jupe ou son pantalon, sa mère la plongeait dans l'eau froide pour qu'elle apprenne à « se retenir » : Violaine apprend alors à se retenir en contractant violemment tout son bas-ventre. Il s'ensuit une perpétuelle constipation. Dès ces années, Violaine se construit d'elle-même une image fortement négative.

Pour cette deuxième séance, nous commençons par quelques cycles de focalisation sur sa douleur physique. Je veille attentivement au degré d'activation de Violaine et la maintiens strictement dans sa fenêtre de tolérance. Une fois concentrée sur ses souffrances, je lui demande ce qu'elle ressent, ce qu'elle perçoit, ce qu'elle pense, veut, désire… Elle mentionne ses douloureuses contractions, quoiqu'elles soient déjà moins intenses que la première fois. J'abaisse un peu son activation en lui demandant de se focaliser, maintenant, sur une sensation agréable. C'est le moment de passer à la deuxième phase de l'intervention. « Maintenant Violaine, dis-je, vous allez contracter fortement votre périnée pendant quelques secondes, puis relâcher ». Moins surprise que la dernière fois par cette demande incongrue, elle entreprend consciencieusement l'exercice. Je sais que c'est un effort intense pour elle, qui accroît aussi – pendant quelques secondes – ses angoisses profondes... C'est un succès ! Pour la deuxième fois depuis des années, Violaine a réussi à contracter et décontracter ses muscles par la volonté, « sur commande ». En prenant une profonde inspiration, elle arbore un large sourire. Nous recommençons deux fois l'exercice ; ses souvenirs d'enfance font surface assez librement, ce qui laisse espérer une rapide intégration de ses PE traumatiques : « J'ai l'impression que les autres me voient... je sens leur regard mais je ne peux pas me cacher », dit-elle, comme si elle revivait les séances de « toilette » le soir chez sa grand-mère... Mais Violaine peut maintenant contracter et relâcher ses muscles à volonté ; à l'issue de cette séance elle repart plus détendue, et je sais qu'un espoir est déjà en train d'ébranler ses anciennes convictions dépressives.

C'est avec un air un peu éteint que Violaine se présente à la troisième séance, quinze jours plus tard. Elle me confie que ses tensions somatiques sont réapparues, quoique moins intenses. Par contre une progression sensible concerne son image d'elle-même « quand je me regarde dans un miroir, je me reconnais : c'est bien moi ! ». Elle ajoute une importante précision : « je vois bien que c'est moi, mais je ne m'aime pas... J'ai toujours l'impression que les gens me voient et je ne peux pas me soustraire à leurs regards ». Même si elle continue à troubler sa vie, sa PE d'enfance interagit maintenant au grand jour avec sa PAN, ce qui améliore sensiblement le pronostic. Son corps et son esprit sont absorbés par cette période traumatique de son enfance où une mère tyrannique alternait dans sa vie avec une grand-mère qui abusait d'elle. Violaine met des mots évocateurs sur ces souvenirs pénibles « j'ai l'impression que si je m'éloigne, on m'envahit... ». Les exercices que je lui propose cette fois sont tout-à-fait différents : nous allons travailler directement sur ses souvenirs traumatiques. Pour ce faire je place Violaine en position allongée ; c'est la position la plus favorable au relâchement et au sentiment de sécurité. Cette fois, je travaille avec la patiente sur la prise en compte de toutes les PE silencieuses qui ne sont pas encore exprimées. C'est une intervention « sur mesure » qui mobilise toutes les informations que Violaine m'a fournies jusqu'ici. Un véritable « scalpel psychologique » qui permet de communiquer avec tous types de PE, même celles qui sont constituées d'actes, de gestes, de simples mouvements des membres : la stratégie ascendante (« bottom-Up ») de l'approche T.I.C.E.© est particulièrement adaptée à ce traitement non verbal, qui s'apparente étroitement à une « hypnose sans hypnose ». L'intervention est médiatisée par un contact corporel léger mais très sécurisant pour la patiente, qui l'aide à rester pleinement consciente et libre de ses choix. L'issue de cette séance est très positive pour Violaine. Sa douleur a beaucoup diminué, ses contractions musculaires ont pratiquement disparu. Elle se sent de plus en plus détendue, mais me signale tout de même qu'au plus profond d'elle-même « il reste des morceaux épars » !

La 4ème séance commence en beauté ! Violaine témoigne d'un optimisme inédit. Elle arbore un large sourire pour me dire « ça va de mieux en mieux ! », et ajoute « vous savez, normalement je suis une battante... toujours volontaire ». Cette bonne humeur, que je ne lui connaissais pas encore, fait réellement plaisir à voir. Aujourd'hui il faut se concentrer sur ses problèmes sexuels, qui résultent de ses douleurs et contractions. Le travail somatique ayant bien avancé, je sens que je peux maintenant, dans un objectif de réunification de la personnalité, mobiliser plus de matériel cognitif et verbal. Pour ce faire il faut que Violaine parvienne à connecter son corps à ses aires frontales, ses PE à sa PAN. Je lui demande quel symbole, selon elle, correspondrait le mieux à cette souffrance. « Les orties » répond-elle sans hésiter. Je vais utiliser ce symbole fort lors d'une session d'acupuncture vibratoire © d'une dizaine de minutes, qui devrait faire communiquer ses dernières parties dissociées. Violaine réagit assez mal au début. Je la vois se contracter, je lui demande ce qu'elle ressent. Elle répond qu'elle ressent de la honte. Mais au bout de quelques minutes, l'expression de son visage change complètement. Soudainement, elle ouvre grand les yeux et s'exclame « j'accepte mes défauts ! ». Je lui demande ce qu'elle ressent dans son corps, elle m'indique qu'elle se sent totalement détendue, sans plus une seule contracture. Pour la première fois depuis des années, ses aires frontales ont enfin repris les commandes ! Violaine sait enfin contrôler la contraction de ses muscles, et donc... se détendre entièrement, à volonté. Cet excellent résultat va changer durablement sa vie. Il est important de potentialiser un palier aussi important. C'est pourquoi, avant de clôturer cette séance, je lui demande de prendre son temps pour éprouver toutes les sensations liées à son nouvel état de mieux-être. De plus, pour intégrer ses personnalités dissociées, je lui demande d'exprimer verbalement les images, les pensées, les idées qui lui viennent : la boucle somatopsychique est ainsi parcourue dans son intégralité. La séance se clôture dans une ambiance sereine.

Lorsque Violaine arrive pour cette 5ème séance, je sens d'emblée qu'elle a utilisé les 15 derniers jours depuis la dernière fois, à progresser encore, par elle-même. Elle arrive détendue et m'explique d'emblée « je me sens relaxée… j'ai compris que je n'étais pas coupable ». Je lui demande comment a évolué son image d'elle-même, ou son estime de soi « je ne sens plus le besoin de m'excuser d'exister… si je me regarde dans un miroir, je n'aime toujours pas mon image… mais tant pis ! ». « Mais tant pis », dit-elle ! C'est là un fantastique retournement de la situation. Tous ses blocages sont en train de voler en éclat, les uns après les autres. Sur ma demande, elle précise encore « je n'aime pas mon image car je me sens trop maigre, mais ça n'est pas grave… c'est juste comme ça ». Elle est calme en parlant, sa respiration est lente et son corps relaxé. Elle voudrait juste reprendre quelques formes, à la faveur de son regain d'appétit. Je juge qu'aujourd'hui il va falloir traiter les dernières traces de ses traumatismes infantiles. Sa mère déjà se trouvait laide, et « quand on est laide, ajoutait-elle, on doit compenser par l'intelligence » ; aurait-elle transmis à sa fille cette facilité à se faire une mauvaise image de soi ? En fait, le vécu de Violaine est plus complexe, car de son côté, sa grand-mère lui répétait souvent « tu ne ressembles pas à ta mère ». Prise entre ces deux personnages et leurs discours contradictoires, Violaine a vécu son enfance, impuissante, au cœur d'un « double lien »… le concept créé par G. Bateson pour expliquer la schizophrénie ! En fait, cette jeune femme extrêmement intelligente s'en sort plutôt bien : elle a surmonté toute seule les principaux écueils que la vie lui avait opposés. Malgré tout, il faut bien finir le travail ! Aujourd'hui notre objectif est d'intégrer les dernières parties dissociées de sa personnalité, et rendre à ses aires frontales la pleine conscience de son corps. Une session d'acupuncture vibratoire © met Violaine en état d'activation et commence la connexion de sa PAN aux PE, de mieux en mieux intégrées. « Ma mère me poussait à vouloir la perfection... j'en suis restée là. Je cherche toujours la perfection, comme si elle existait en ce bas monde ! ». Elle pouffe de rire et ajoute « c'est ridicule ! » : sa capacité à prendre du recul augmente de jour en jour, et à chaque fois elle démontre une aptitude croissante à recadrer les situations. À ce moment je lui demande ce que serait – ici et maintenant – son souhait principal ; elle répond « j'aimerais grossir un peu... j'ai tellement maigri pendant ma dépression... » ; Je note que maintenant, c'est au passé qu'elle parle de sa dépression ! Le moment est venu d'une séance de sismothérapie écologique ©, une technique somatopsychique d'ancrage instantané dans le présent. La sismothérapie écologique © est l'équivalent d'une légère « piqûre électrique » : la piqûre est présentée sur la peau à l'aide d'un dispositif piezzo-électrique portatif en vente libre dans le commerce (et qui ne présente bien entendu aucun risque pour la santé). Généralement pratiquée au doigt du patient, la localisation précise respecte les points de l'acupuncture traditionnelle. Ces stimulations somatiques spécialement adaptées à la patiente auront raison de ses derniers blocages psychiques. En quelques minutes, Violaine déclare soudain « je m'accepte ! je m'aime ! ». Quelle plus belle récompense pour le praticien ? Focalisée dans l'instant présent dont tout danger, toute menace est évacuée, Violaine perçoit de mieux en mieux l'unité de son mental et de son corps, en voie de reconstruction dans sa pleine conscience. Il aura suffi de 5 séances pour qu'elle atteigne enfin cet état d'équilibre serein qu'elle croyait perdu à jamais et que l'échec de toutes les interventions thérapeutiques des deux années précédentes ne lui avait pas laissé espérer. Mais le travail n'est pas tout à fait terminé. Je lui demande de préciser ses ressentis cognitifs et somatiques (ce qui contribue à relier ses parties de personnalité en phase de ré-association) et reprend une session de sismothérapie écologique ©. Après quelques minutes de concentration, Violaine répète « je m'accepte comme je suis... et si je m'accepte, les autres m'accepteront aussi telle que je suis ! ». Une extraordinaire découverte pour cette jeune fille pleine de talents et d'avenir, que des expériences douloureuse de la vie avaient tenté de briser.

Comme chez Violaine, où la thérapie met à jour des souvenirs imprévus, il arrive souvent qu'un problème sous-jacent affecte le patient en dehors de sa conscience, sans qu'il s'en rende compte lui-même. Exploiter tout le potentiel de notre approche intégratrice permet alors de travailler au-delà de la simple « réduction de symptôme » et de se confronter à un matériel verbal qui relève du terrain profond. Pour Violaine comme pour les autres patients, il s'agit alors d'un apprentissage qui peut s'avérer long et complexe, dont le but est une sérénité qu'ils n'ont peut-être jamais ressentie dans leur vie. Apprendre à vivre dans le présent, libre et sans peurs injustifiées, c'est intégrer les parties dissociées de la personnalité en un tout harmonieux et fonctionnel. Il est très important lors de cette phase de la cure de rester extrêmement vigilant de ne rien imposer au patient, de ne pas lui donner de suggestions involontaires. C'est lui qui doit rester entièrement l'artisan de sa propre reconstruction, de la réintégration réussie de son Moi fragmenté.

Accepter les changements de la guérison

Le chemin vers le mieux-être n'est pas seulement la résorption des symptômes. Pour les personnes traumatisées comme pour les personnes angoissées ou compulsives, le chemin du bien-être est un profond bouleversement, une transformation de la vie intérieure qui laissera peu de choses intactes. La guérison est une force qui s'oppose au « vortex traumatique » que mentionne Levine. Lors du processus de guérison, la nature développe en nous un « contre-vortex énergétique » qui vient équilibrer la force du tourbillon morbide, et cette énergie déploie immédiatement ses effets qui viennent contrecarrer le vortex traumatique. Pour la première fois, le sujet traumatisé peut s'échapper du cercle vicieux des deux seules alternatives dont il était prisonnier jusqu'alors : répéter son trauma ou le nier ; maintenant, une troisième voie s'offre à lui, celle de la guérison. Le corps sera à la fois l'outil et l'objet de cette transition radicale. Car c'est le corps qui canalise nos énergies, qui les retient ou les laisse s'écouler librement. C'est par lui que nos forces sont retenues et bridées, ou qu'elles peuvent s'exprimer dans nos sensations et dans nos actes. C'est bel et bien par le corps que nous pouvons vivre les sensations de nos mouvements internes et de leurs évolutions, dans un sentiment de calme intérieur.

C'est pourquoi le patient devra avant tout accepter les sensations, les émotions et les images que crée son corps lors du processus de rééquilibrages qu'il expérimentera en consultation. Ces sensations corporelles sont des points clé des mécanismes du mieux-être : il est important d'apprendre à les accueillir sans a priori. Beaucoup de patients s'interdisent de ressentir quelque chose d'agréable pendant la cure, c'est pourtant une erreur. Il faut savoir s'autoriser à éprouver les messages du corps, qu'ils soient plaisants ou déplaisants. Les sujets traumatisés ont beaucoup d'obstacles à surmonter sur la voie de la guérison, et transformer un traumatisme n'est pas un rituel que nous pouvons produire de façon automatique, dont nous aurions juste à espérer passivement un heureux résultat. Il n'est pas facile d'être à l'écoute de son corps après avoir été blessé(e), violé(e)... Les patients doivent trouver les ressources pour affronter des sensations inconnues, même si elles apparaissent étranges ou menaçantes. Car la guérison ne peut être qu'une alliance retrouvée entre le corps et l'esprit : la guérison est somatopsychique de par sa nature même !

À mesure que les symptômes disparaissent, c'est toute la vision du monde qui est modifiée. Les objets, les événements, les personnes apparaissent sous un jour inédit, incomparablement plus avantageux. À mesure que s'écarte le sentiment du danger, de l'insécurité, tous les rapports au monde social et au monde physique évoluent. Les sujets traumatisés retrouvent peu à peu des capacités d'autorégulation, elles redécouvrent graduellement le futur a lieu de rester prisonnières du passé. Elles apprennent à éprouver des émotions positives, dont parfois elles n'ont même plus le souvenir, et ces moments agréables les connectent au monde extérieur et renforcent leur pleine conscience de leur vécu dans l'instant. La colère s'estompe en faveur de la bienveillance, la rancune disparaît progressivement, laissant la place à une lucidité apaisante. Bien souvent, nous percevons que la rancune n'est pas une solution, même si nous n'avons pas à exprimer du pardon : le sujet peut enfin s'ouvrir à l'autre et accepter son témoignage. Les collègues, les proches, ou simplement les inconnus et les passants cessent d'être perçus comme des menaces, tout l'univers social est métamorphosé. Les sujets en convalescence en éprouvent tellement de soulagement qu'ils gagnent confiance en eux-mêmes et leur estime de soi fait un bond. L'apaisement rehausse aussi leur courage, et ils peuvent affronter avec plus de résistance les difficultés de la vie quotidienne. C'est la liberté et la vitalité qui sont au bout de ce chemin ! Un changement fondamental qui concerne tout l'organisme, qui modifie le cœur-même de notre « felt sense », en touchant aux régulations du système nerveux, des émotions et des perceptions... une véritable métamorphose à l'issue de laquelle tout devient plus facile, plus calme : après des mois, des années de tumulte, les univers intérieurs et extérieurs convergent enfin dans une douce harmonie.

Le chemin du mieux-être

Ce qu'il faudra réussir, pour s'avancer sur la voie du bien-être, c'est cette difficile et inhabituelle prise de conscience de notre corps, de l'intérieur. Car au moment de l'événement traumatisant, le sujet a esquissé une réponse, il a commencé à tenter de s'adapter, il a engagé un début de réaction... mais la situation était insoutenable et il n'a pas réussi à aller plus loin dans son activité, il n'a pas réussi à achever ce qu'il a commencé, il n'a pas réussi à fuir pour échapper à son agresseur, il n'a pas réussi non plus à l'affronter et le mettre en déroute. Un traumatisme est un ensemble d'actions inachevées. De ce fait, les symptômes traumatiques sont essentiellement des réactions instinctives qui n'ont pas pu être terminées au moment de l'agression : terminer enfin ces réactions, y apporter une finalisation définitive, voilà ce qu'il est nécessaire de faire pour résorber le trauma. On voit immédiatement qu'une question particulière va se poser à chaque patient et au guide qui le conduit sur le chemin du rétablissement : quelle est donc le type d'action qui doit être enfin terminé, que faire pour libérer toute cette énergie recluse au fond de soi, comment agir dans le sens de l'équilibre retrouvé ?

Ce que les séances devront réaliser est d'amener le patient à prendre conscience qu'il est face à un choix, et peut-être l'un des plus importants de sa vie. Le choix que le patient doit parvenir à effectuer, c'est la façon dont il souhaite libérer l'immense quantité de forces emprisonnées dans son corps, la façon dont il souhaite « ouvrir » le réservoir depuis longtemps scellé. Au moment où le sujet se fige de terreur, l'énergie qui aurait été nécessaire pour réagir d'une façon efficace reste soudain bloquée à l'intérieur du corps : c'est comme si, sous nos yeux effarés, un immense barrage se construisait soudainement, de lui-même, en s'érigeant au milieu d'une petite rivière au fond d'une vallée montagneuse ; en quelques secondes la construction de béton monte vers le ciel et atteint une impressionnante hauteur, dans le même moment la petite rivière, retenue du côté amont du barrage en train de grossir encore, se mue rapidement en un immense lac bouillonnant qui engloutit tout ce qui était à cet endroit de la vallée... Le traumatisme est ce barrage infernal qui s'érige tout seul en quelques instants, et l'énergie bloquée dans le figement est ce lac bouillonnant qui n'aurait jamais dû apparaître à cet endroit, qui n'était pas prévu et qui a englouti toute la vallée parce qu'on ne l'attendait pas. Tant que l'individu ne pourra décharger l'énergie bloquée dans la réponse de figement, il restera en souffrance. Les douleurs persistantes, les angoisses, la fatigue, les troubles organiques résistants aux traitements médicaux sont bien souvent des signes clairs que le traumatisme n'est pas résorbé, que l'énergie emprisonnée ne s'est pas encore librement écoulée.

Guérir du trauma : nous le pouvons tous !

Bien souvent les individus traumatisés présentent des symptômes caractéristiques, tels que des flash-backs, des attaques de panique, de l'insomnie, des crises de colère ou des comportements destructifs. Les symptômes de la dépression, du repli sur soi, sont le lot commun des survivants de traumas complexes. En finir avec ces symptômes et guérir du trauma est possible, mais le chemin traverse des zones qui pour beaucoup d'entre nous sont encore une « terra incognita » : le trauma nous emmène littéralement sur un continent non encore exploré. Pour faire table rase du trauma, pour s'en sortir définitivement, il faudra accepter de se laisser guider par notre nature biologique. Notre cerveau reptilien est l'acteur principal de cette pièce surprenante, une partie de nous-mêmes dont nous ne nous soucions généralement pas. Nous sommes tous dotés d'étonnantes ressources, nous avons tous, tapies au plus profond de nous-mêmes, une impressionnante quantité de forces capable se mobiliser pour notre défense, de surgir en un instant pour irriguer nos organes et nos muscles. Quand nous sommes menacés, ne sentons-nous pas toutes ces forces monter soudainement en nous, des profondeurs de notre organisme ? Pourtant la vie moderne ne nous donne que rarement l'occasion de vivre cette expérience, et de ressentir cette puissante aptitude innée, car la plupart des situations de la vie quotidienne font plus appel à notre capacité de réflexion, qu'à nos instincts les plus ancestraux… cette partie instinctuelle qui est en nous, cette partie « animale » de nous-mêmes, bien souvent nous ne la connaissons pas, nous n'avons jamais eu l'occasion de nous y confronter, et nous ignorons tous ses pouvoirs : nous nous sommes séparés de notre nature instinctuelle. C'est la raison pour laquelle nous tombons dans l'erreur de considérer que l'esprit et le corps sont de nature entièrement différente ! En fait, notre esprit et notre corps ont sans cesse besoin de fonctionner en synergie, et c'est même la condition de notre santé. Prendre enfin en compte ces réalités, voilà ce qui permet à tous les patients de s'exclamer un jour « ma peur a disparu, je m'accepte tel que je suis ! ». C'est toujours la plus belle récompense pour le praticien... et souvent, c'est le plus beau jour de la vie du patient !

Références bibliographiques

BATESON Gregory. *Steps to an Ecology of Mind*. San Francisco: Chandler Pub. Co. 1972.

GENDLIN Eugen. « The Primacy of the body, not the primacy of perception: How the body knows the situation » in *Man and World,* 1992, 25, n° 3-4, pp 341-353.

HALEY Jay. *Strategies of psychotherapy, New York, Grune and Stratton.* 1963. Traduction française : Stratégies de la psychothérapie, Toulouse, Erès, 2009.

JANET Pierre. *L'Automatisme psychologique.* 1889. Réédition Paris, L'Harmattan, 2005.

JANET Pierre. *Les névroses.* 1909. Réédition Paris, L'Harmattan, 2008.

JANET Pierre. 1923. *La Médecine psychologique.* Réédition Paris : L'Harmattan, 2005.

LEVINE Peter. *Réveiller le Tigre : Guérir le traumatisme* (nouvelle édition). Paris : Socrate Editions, 2004, 273 p.

MORIN Edgard. *La Nature de la nature.* Paris, Le Seuil, 1977.

OGDEN Pat, MINTON Kekuni, PAIN Clare, *Trauma and the Body: A Sensorimotor Approach to Psychotherapy*. W.W. Norton & Company, 2006.

PHILIPS Maggie, FREDERICKS Claire ; *Psychothérapie des états dissociatifs : Guérir le Moi Divisé*. Bruxelles, Ed Satas, Le germe, 2001.

PHILIPS Maggie. *Finding the Energy to Heal*, W.W. NORTON, 2000.

SAILLOT Isabelle. « Petit historique de la dissociation (Chap. 1) » in *Dissociation et mémoire traumatique*. Paris, Dunod, 2012, 256 p.

VAN DER HART, Onno, STEELE, Kathy, NIJENHUIS, Elert. *Le soi hanté*. Bruxelles, De Boeck, 2010, 538 p.

Table des matières

CHAPITRE I

LES ORIGINES DE LA THERAPIE SOMATOPSYCHIQUE 7

Pierre Janet, le premier psychothérapeute moderne 7

Jay Halay donne un deuxième départ à la thérapie moderne 11

Peter Levine : un pionnier de l'approche somatopsychique .. 15

La réaction de figement chez l'homme... et comment en sortir ! 20

La Thérapie Intégrative Corps-Esprit [T.I.C.E©] : approche somatopsychique ascendante 24

CHAPITRE II

TRAUMA ET STRESS : POURQUOI ? 27

Du « fluide nerveux » aux neuromédiateurs 27

Nos trois cerveaux 29

Le système immunitaire 33

Une véritable cascade d'interactions 34

Stress, médecine et... placebo ! 39

CHAPITRE III

LE CORPS ET LE LANGAGE DES EMOTIONS 45

L'instinct et nos origines animales 45

Corps, émotion, expression 46

Perceptions somatiques : le « felt sense » de Peter Levine 49

Les liens de l'esprit et du corps 55

Sagesses traditionnelles : chamanisme et bouddhisme 56

Le problème de la mémoire 64

Vers la guérison : les émotions positives 74

CHAPITRE IV

LA T.I.C.E : UNE APPROCHE SOMATOPSYCHIQUE ASCENDANTE 79

Le mythe de la division corps – esprit 79

Pavlov : précurseur de l'approche somatopsychique 80

La dissociation Structurelle de la Personnalité (DSP) 82

La T.I.C.E.© : une « hypnose sans hypnose » ! 85

Le traumatisme au quotidien et ses symptômes 87

Trauma et estime de soi 91

Le figement chez l'homme : une réaction incomplète 93

Colère et action 95

Activation et dissociation 98

Comment sortir (enfin !) du figement 101

Jennifer, Mercédès, et Annabelle : elles ont vaincu leur trauma !... 106

CHAPITRE V

GUERIR... NOUS LE POUVONS TOUS ! 125

AZ : comment revivre (psychologiquement) après une explosion 125

Maltraitance sexuelle et psychologique : la renaissance de Violaine 134

Accepter les changements de la guérison 146

Le chemin du mieux-être 148

Guérir du trauma : nous le pouvons tous ! 150

PSYCHOLOGIE ET PSYCHANALYSE

AUX ÉDITIONS L'HARMATTAN

Dernières parutions

LA TECHNIQUE EN PSYCHANALYSE D'ENFANT
Athanassiou-Popesco Cléopâtre
Comment avoir des règles immuables pour pénétrer le monde interne d'un homme ou d'un enfant ? La technique est au service de l'instauration d'un cadre permettant au patient de développer librement sa pensée. Il s'agit bien d'une technique nourrie de science et d'art. Elle doit s'adapter à la personnalité et à la pathologie de chacun. La technique est indispensable tout au long d'un traitement psychanalytique. Ce sont les patients qui guident quant aux bien-fondés de la technique utilisée. Les enfants, eux, savent bien où est leur souffrance et quelle est l'exacte rencontre qui permet de la soulager.
(Coll. Études Psychanalytiques, 29.00 euros, 282 p.)
ISBN : 978-2-343-12560-2, ISBN EBOOK : 978-2-14-004304-8

APPROCHE STRUCTURALE DE L'AUTISME ET LA PSYCHOSE INFANTILE
Olivos Alejandro
La question de l'autisme met en évidence, aujourd'hui, dans le lien social, ainsi que dans les rapports que la science entretient avec la réalité, un réel absolument opaque et impossible à évaluer. L'autiste est un sujet qui refuse le lien à l'Autre à travers la parole, mais qui n'est pas pour autant en dehors du champ du langage. C'est un sujet hors-discours, mais pas hors-langage. La question de l'autisme et de la psychose infantile sera donc abordée à partir d'une approche structurale.
(Coll. Psycho-Logiques, 26.00 euros, 248 p.)
ISBN : 978-2-343-12322-6, ISBN EBOOK : 978-2-14-004223-2

LES ORTHOGRAPHES DU DÉSIR
Fainsilber Liliane
Toute l'efficacité de la psychanalyse tient aux pouvoirs de la parole. Ayant effectué une incursion dans le monde topologique, avec la théorie des graphes, Lacan invente, pour l'usage des psychanalystes, le graphe du désir. Il a ainsi développé un système permettant de déchiffrer les mécanismes langagiers du symptôme et de son interprétation. Cet ouvrage se veut donc un outil clinique pour les psychanalystes.
(Coll. Études Psychanalytiques, 29.00 euros, 262 p.)
ISBN : 978-2-343-10551-2, ISBN EBOOK : 978-2-14-004188-4

INCONSCIENT ET ALGORITHMES
Le Dorze Albert
L'inconscient, non opératoire et inutile, est relégué au musée des curiosités par le moderne algorithme qui promeut l'utilisation maximale de notre capital humain. Le structuralisme et ses variantes psychanalytiques prônent l'idéal mathématique, rejettent l'émotionnel et se réclament de la linguistique structurale. Mais pouvons-nous vraiment réduire le désir et la religion à des symboles formalisables ? Et que devient la pure causalité psychique ?
(Coll. Psychanalyse et civilisations, 17.50 euros, 160 p.)
ISBN : 978-2-343-12444-5, ISBN EBOOK : 978-2-14-004099-3

UN CŒUR D'ENFANT ?
Enquête généalogique sur l'expérience de l'enfant
Tome 1 : S'émanciper et s'épanouir
Tome 2 : Socialiser et libérer
Dubreucq Éric
L'expérience de l'enfant a acquis, durant les deux derniers siècles, une centralité totalement nouvelle ; cet ouvrage en proposera donc la généalogie. Il explorera les pratiques et les techniques (éducatives, pédagogiques) qui organisent la production de son être intérieur et intime, la configuration et la formation, en lui, d'un sujet. Distribuée en deux volumes, cette enquête retracera la naissance et le développement des stratégies de subjectivation et de configuration de l'être enfantin.
(Tome 1 : Coll. Recherches et innovations, 31.00 euros, 300 p.)
ISBN : 978-2-343-12184-0, ISBN EBOOK : 978-2-14-004170-9
(Tome 2 : Coll. Recherches et innovations, 28.50 euros, 274 p.)
ISBN : 978-2-343-12185-7, ISBN EBOOK : 978-2-14-004171-6

JACQUES INAUDI (1867-1950)
Un jeune calculateur prodige - Étudié par Broca, Charcot & Binet
A young calculator prodigy - Studied by Broca, Charcot & Binet
Nicolas Serge
Jacques Inaudi (1867-1950) est considéré comme l'un des plus prodigieux calculateurs mentaux de tous les temps. Il pouvait résoudre de tête très rapidement, et très précisément, des calculs arithmétiques complexes. Il fut étudié par Broca en 1880, puis par Charcot et Binet en 1892. Si le cas Inaudi a inauguré l'étude scientifique de la mémoire experte, il a orienté la psychologie française vers l'étude clinique des sujets singuliers ou extraordinaires (édition bilingue français-anglais).
(Coll. Histoire de la psychologie - History of Psychology, 28.00 euros, 278 p.)
ISBN : 978-2-343-12330-1, ISBN EBOOK : 978-2-14-004166-2

CLINIQUE PSYCHANALYTIQUE ET LIEN SOCIAL
Sous la direction de Joseph Rouzel
Dépassée, la psychanalyse ? Un vent nouveau pousse à l'invention. Les résistances, depuis Freud, se développent. Elles épousent les variations des sociétés modernes. La cure analytique, par exemple, n'a jamais attiré autant de patients. Les arts, la littérature, la musique, le cinéma, mais aussi tous les espaces sociaux, dialoguent avec la psychanalyse. Donc non seulement la psychanalyse n'est pas morte, mais

le lecteur va pouvoir lire ici, sous la plume d'un collectif d'auteurs engagés dans la psychanalyse, les lettres qui s'ensuivent de cette bonne nouvelle.
(14.00 euros, 126 p.)
ISBN : 978-2-343-11653-2, ISBN EBOOK : 978-2-14-003973-7

LA LETTRE DE L'INCONSCIENT
Freud, Lacan et quelques autres au pied de la lettre
Rouzel Joseph - Préface de Jacques Cabassut
Dans la parole de l'analysant comme dans celle de l'analyste, il n'y a pas autre chose que l'écriture de la lettre. Cet ouvrage, qui étudie Freud et Lacan, s'ouvre surtout à l'usage clinique qui en est fait dans la théorie et la pratique de la psychanalyse. Il faut entendre par lettre, au-delà de la lettre d'alphabet, tous les processus de traçages inconscients qui perforent et bordent le réel. Ce qui implique, dans la clinique analytique, de savoir lire.
(26.00 euros, 258 p.)
ISBN : 978-2-343-11652-5, ISBN EBOOK : 978-2-14-003974-4

CONTES ET PSYCHOTHÉRAPIE
Du conte traditionnel à l'histoire thérapeutique
Lepoivre Michel
L'auteur s'inspire de contes traditionnels relativement peu connus, pour développer un mode d'approche interactive original, propice à l'émergence d'un conte imaginé. L'ouvrage propose de nombreux contes thérapeutiques créés en fonction de situations cliniques diverses (enfant, adulte, couple et famille), ainsi que des outils pour stimuler et orienter la créativité des praticiens (psychothérapeute, éducateur, pédagogue...).
(Coll. Art-thérapie, 38.00 euros, 384 p.)
ISBN : 978-2-343-11056-1, ISBN EBOOK : 978-2-14-003888-4

FIGURES DU VIDE
Psychopathologie et hypermodernité
Sous la direction de Franca Madioni
L'*homo technologicus*, individu de l'hypermodernité, incarne une mythologie narcissique qui impose une révision de la psychopathologie. Individus troublés par le rapport à une réalité hédoniste, favorisant une clinique du vide, ils confrontent le thérapeute à l'atmosphère existentielle psychotique de la psychopathologie moderne. Les fondements du discours clinique sont revisités sous le regard de la phénoménologie et de la psychanalyse.
(Coll. Études Psychanalytiques, 30.00 euros, 296 p.)
ISBN : 978-2-343-11616-7, ISBN EBOOK : 978-2-14-003954-6

VERBIER PSYCHANALYTIQUE
Hachet Pascal
Cet essai de psychanalyse allie des réflexions courtes à des fragments discursifs qui correspondent à des propos de patients. Ce petit livre s'inscrit dans la filiation des écrits psychanalytiques brefs que nous devons à Abraham, Pontalis et Racamier.
(Coll. Psychanalyse et civilisations, 14.50 euros, 130 p.)
ISBN : 978-2-343-12181-9, ISBN EBOOK : 978-2-14-004036-8

VERS UNE (RÉ)ADAPTATION ÉCOLOGIQUE
Dalla Piazza Serge
À la fois essai et traité, cet ouvrage propose une nouvelle vision de la (ré)adaptation afin qu'elle s'inscrive dans un contexte écologique au niveau de l'individu blessé ou malade. Des perspectives évaluatives et méthodologiques adaptées sont ainsi proposées en adéquation avec cette nouvelle approche. Trois concepts majeurs sont ainsi introduits : il n'y a pas d'évolution vers un idéal personnel ou sociétal ; l'adaptation est toujours un mécanisme relatif à un environnement à un moment donné ; la (ré)adaptation ne peut jamais qu'avoir une base communautaire et s'inscrire dans l'avenir.
(Coll. Au carrefour du social, 24.50 euros, 232 p.)
ISBN : 978-2-343-12106-2, ISBN EBOOK : 978-2-14-003951-5

LE DÉMIURGE ET LE FUNAMBULE
Brancusi & Giacometti
Marinov Vladimir - Préface de Jacques André
Sisyphe remontant indéfiniment son rocher, Pygmalion amoureux de sa création, Gepetto fabriquant Pinocchio : nombreux sont les mythes où le sculpteur travaille la matière pour lui donner forme et vie. Dans cet ouvrage, l'œuvre de Brancusi et de Giacometti est étudiée sous l'angle psychanalytique. Et, si Brancusi crée comme un démiurge, Giacometti conçoit comme un funambule. Ces deux monstres sacrés de notre modernité sont amenés ici à dialoguer.
(Coll. Études Psychanalytiques, 42.00 euros, 534 p.)
ISBN : 978-2-343-11837-6, ISBN EBOOK : 978-2-14-003588-3

UN FIL ROUGE
Ce qui relie l'œuvre d'un auteur à son enfance, selon la théorie d'Alice Miller – Abécédaire
Lejosne Christian - Postface : Interview d'Alice Miller par Olivier Maurel
Depuis qu'il a lu *La souffrance muette de l'enfant*, d'Alice Miller, l'auteur de ce livre ne peut s'empêcher, à la lecture de textes ou de biographies d'auteurs, d'essayer de repérer la clé qui fut le déclencheur de leur art. Il utilise ici cette méthode, en se penchant sur les vingt-six auteurs (Capote, Kafka, Orwell, Zorn...) qui forment cet abécédaire. Il conclut par un retour sur l'enfance d'Alice Miller, où siège le fil rouge de son œuvre.
(Coll. Psycho-Logiques, 15.00 euros, 134 p.)
ISBN : 978-2-343-11688-4, ISBN EBOOK : 978-2-14-003771-9

L'HARMATTAN ITALIA
Via Degli Artisti 15; 10124 Torino
harmattan.italia@gmail.com

L'HARMATTAN HONGRIE
Könyvesbolt ; Kossuth L. u. 14-16
1053 Budapest

L'HARMATTAN KINSHASA
185, avenue Nyangwe
Commune de Lingwala
Kinshasa, R.D. Congo
(00243) 998697603 ou (00243) 999229662

L'HARMATTAN CONGO
67, av. E. P. Lumumba
Bât. – Congo Pharmacie (Bib. Nat.)
BP2874 Brazzaville
harmattan.congo@yahoo.fr

L'HARMATTAN GUINÉE
Almamya Rue KA 028, en face
du restaurant Le Cèdre
OKB agency BP 3470 Conakry
(00224) 657 20 85 08 / 664 28 91 96
harmattanguinee@yahoo.fr

L'HARMATTAN MALI
Rue 73, Porte 536, Niamakoro,
Cité Unicef, Bamako
Tél. 00 (223) 20205724 / +(223) 76378082
poudiougopaul@yahoo.fr
pp.harmattan@gmail.com

L'HARMATTAN CAMEROUN
TSINGA/FECAFOOT
BP 11486 Yaoundé
699198028/675441949
harmattancam@yahoo.com

L'HARMATTAN CÔTE D'IVOIRE
Résidence Karl / cité des arts
Abidjan-Cocody 03 BP 1588 Abidjan 03
(00225) 05 77 87 31
etien_nda@yahoo.fr

L'HARMATTAN BURKINA
Penou Achille Some
Ouagadougou
(+226) 70 26 88 27

L'HARMATTAN SÉNÉGAL
10 VDN en face Mermoz, après le pont de Fann
BP 45034 Dakar Fann
33 825 98 58 / 33 860 9858
senharmattan@gmail.com / senlibraire@gmail.com
www.harmattansenegal.com